Stefan Schrewe

Strukturierungen zur Vermeidung von Pflichtangeboten nach § 35 WpÜG

Rechtliche Würdigung de lege lata und Lösungsmöglichkeiten de lege ferenda

Diplomica Verlag GmbH

Schrewe, Stefan: Strukturierungen zur Vermeidung von Pflichtangeboten nach § 35 WpÜG: Rechtliche Würdigung de lege lata und Lösungsmöglichkeiten de lege ferenda, Hamburg, Diplomica Verlag GmbH 2013

Buch-ISBN: 978-3-8428-9281-1
PDF-eBook-ISBN: 978-3-8428-4281-6
Druck/Herstellung: Diplomica® Verlag GmbH, Hamburg, 2013

Bibliografische Information der Deutschen Nationalbibliothek:
Die Deutsche Nationalbibliothek verzeichnet diese Publikation in der Deutschen Nationalbibliografie; detaillierte bibliografische Daten sind im Internet über http://dnb.d-nb.de abrufbar.

Hermannstal 119k, 22119 Hamburg
http://www.diplomica-verlag.de, Hamburg 2013
Printed in Germany

INHALTSVERZEICHNIS

ABBILDUNGSVERZEICHNIS

ABKÜRZUNGSVERZEICHNIS

a. A.	andere Auffassung
Abs.	Absatz
ACS	Actividades de Construcción y Servicios
a. F.	alte Fassung
AG	Aktiengesellschaft
AktG	Aktiengesetz
Alt.	Alternative
AnsFuG	Anlegerschutz- und Funktionsverbesserungsgesetz
Art.	Artikel
AV	Angebotsverordnung
BaFin	Bundesanstalt für Finanzdienstleistungsaufsicht
BEHG	Bundesgesetz über die Börsen und den Effektenhandel
BGH	Bundesgerichtshof
BVerfG	Bundesverfassungsgericht
BVerwG	Bundesverwaltungsgericht
CfD	Contracts for Difference
Conti	Continental AG
EBK	Eidgenössische Bankenaufsicht
EG	Europäische Gemeinschaft
EU	Europäische Union
EuGH	Europäischer Gerichtshof
FS	Festschrift
FSA	Financial Services Authority
GG	Grundgesetz
KG	Kommanditgesellschaft
KWG	Gesetz über das Kreditwesen
i. S. v.	im Sinne von
l. Spl.	linke Spalte
LLP	Limited Liability Partnership

LG	Landgericht
m. w. N.	mit weiteren Nachweisen
n. rkr.	nicht rechtskräftig
OLG	Oberlandesgericht
OWiG	Ordnungswidrigkeitengesetz
RegE	Regierungsentwurf
r. Spl.	rechte Spalte
S.	Satz
SPD	Sozialpolitische Partei Deutschlands
StPO	Strafprozessordnung
ÜbG	Übernahmegesetz (Österreich)
ÜbRL	Übernahmerichtlinie
VwGO	Verwaltungsgerichtsordnung
WMF	Württembergische Metallwarenfabrik AG
WpHG	Wertpapierhandelsgesetz
WpÜG	Wertpapierübernahmegesetz
WpÜG-AV	WpÜG-Angebotsverordnung
ZPO	Zivilprozessordnung

A. Einleitung

„Experten fordern mehr Schutz vor Übernahmen“[1]. Insbesondere die Übernahme von Hochtief durch die spanische ACS hat zu der rechtspolitischen Diskussion geführt, ob das WpÜG einer Änderung bedarf, um nationale Unternehmen besser vor Übernahmen zu schützen[2]. Im neuen Anlegerschutz- und Funktionsverbesserungsgesetz (AnsFuG) hat der Gesetzgeber lediglich die kapitalmarktrechtliche Beteiligungstransparenz auf spezielle Derivatkonstruktionen erweitert, um das unbemerkte „Anschleichen“ an deutsche Zielunternehmen zu verhindern[3]. Dagegen läuft die Diskussion über einen Reformbedarf im Übernahmerecht weiter[4] – Änderungen zum WpÜG werden noch in der laufenden Legislaturperiode erwartet[5].

Nach derzeit geltendem Recht muss ein Bieter, der unmittelbar oder mittelbar die Kontrolle über eine Zielgesellschaft erlangt, dies unter Angabe der Höhe seines Stimmrechtsanteils unverzüglich nach § 35 Abs. 1 WpÜG veröffentlichen. Ferner muss er innerhalb von vier Wochen ab dem Kontrollerwerb ein öffentliches Pflichtangebot i. S. v. § 35 Abs. 2 S. 1 WpÜG unterbreiten, in welchem er den übrigen Aktionären der Zielgesellschaft anbietet, ihre Aktien zu übernehmen. Nach § 31 Abs. 2 WpÜG hat die Gegenleistung in einer Gegenleistung oder in liquiden Aktien zu bestehen und muss i. S. d. §§ 3 ff. WpÜG-AV mindestens dem höchsten Vorerwerbspreis innerhalb der letzten sechs Monate und dem gewichteten, dreimonatigen Börsendurchschnittskurs vor der Angebotsveröffentlichung entsprechen. Als Erwerb der Kontrolle definiert der Gesetzgeber formal das Halten von mindestens 30 % der Stimmrechte an einer Zielgesellschaft, § 29 Abs. 2 WpÜG. Hintergrund dieses Pauschalansatzes ist die Annahme, dass 30 % der Stimmrechte regelmäßig zu einer Präsenzmehrheit in Hauptversammlungen

---

1 *Wadewitz*, Börsen-Zeitung vom 07.12.2011, 2.

2 Vgl. nur den Gesetzesentwurf der SPD-Fraktion zur Änderung des WpÜG, BT-Drucks. 17/3481.

3 BGBl. I 2011, S. 538; vgl. dazu: *Seibt*, CFL 2010, 502.

4 Vgl. *Seibt*, ZIP 2012, 1, der mit Freshfields in diesem Zusammenhang eine Expertenbefragung veröffentlicht hat.

5 *Seibt*, ZIP 2012, 1, 11.

verhelfen[6]. § 30 WpÜG enthält hinsichtlich der Berechnung die entscheidende Bestimmung über die Zurechnung von Stimmrechten Dritter an den Bieter[7]. Gem. § 30 Abs. 2 WpÜG soll bspw. eine Zurechnung im Falle eines abgestimmten Verhaltens zwischen dem Bieter und einem Dritten erfolgen (sog. „acting in concert"). Soweit ein Pflichtangebot pflichtwidrig unterbleibt, sieht das WpÜG zivil- und ordnungswidrigkeitenrechtliche Sanktionen vor[8]. Es drohen ein Verlust des Stimm- und Dividendenbezugsrechts (§ 59 WpÜG), ein Bußgeld (§ 60 WpÜG), eine Verzinsungspflicht (§ 38 WpÜG) sowie ggf. eine Sperrfrist für die Abgabe eines freiwilligen Übernahmeangebots (§ 15 Abs. 1 Nr. 3 i. V. m. § 26 Abs. 1 WpÜG). Die Vorschriften des WpÜG vermitteln Aktionären dabei keinen Drittschutz zur Erzwingung eines behördlichen Einschreitens der BaFin gegen einen Bieter[9].

Mit der beschriebenen Pflichtangebotsregelung wird im Falle einer Kontrollerlangung durch einen Bieter beabsichtigt, die Erwartungen der Anleger in eine Kontinuität der Beteiligungsverhältnisse zu schützen[10]. Bei einem Kontrollwechsel oder bei einer Änderung einer reinen Publikumsgesellschaft zu einer von einem Großaktionär dominierten Gesellschaft wird eine entscheidende Veränderung des Investments des Aktionärs der betreffenden Gesellschaft angenommen[11]. § 35 Abs. 1 WpÜG dient dabei der Offenlegung von Kontrollsituationen und der Unterrichtung über erfolgte Kontrollerwerbsvorgänge[12]. Regelungszweck des Abs. 2 ist die Verwirklichung des Schutzes von Minderheitsaktionären, indem im Falle des Abhängigwerdens einer Gesellschaft eine Desinvestitionsmöglichkeit zu

---

6 *Süßmann* in: Geibel / Süßmann, § 29 Rn. 25; *Wackerbarth* in: MünchKommAktG, § 29 Rn. 43; *Wernicke*, NZG 2011, 1404, 1405.

7 *Noack / Zetzsche* in: Schwark / Zimmer, § 30 Rn. 1.

8 Über die Reichweite dieser Sanktionen wird im Schrifttum intensiv diskutiert, vgl. *von Falkenhausen*, NZG 2010, 1213.

9 So die überwiegende Auffassung, vgl. OLG Frankfurt NZG 2012, 302; *von Falkenhausen*, NZG 2010, 1213, 1215; **a. A.**: *Meilicke / Meilicke*, ZIP 2010, 558, 564 ff.

10 *Schlitt / Ries* in: MünchKommAktG, § 35 Rn. 5.

11 *Baums*, ZIP 2010, 2374, 2382.

12 *Merkt* in: Veil, Übernahmerecht in Praxis und Wissenschaft, 54, 55.

einem angemessen Preis ermöglicht werden soll[13]. Aus gesellschaftsrechtlicher Sicht wird das Pflichtangebot teilweise als Konzerneingangsschutz gesehen[14]. Als wesentliches Instrument des WpÜG fördert es dessen zentralen Zweck, die Erhaltung der Funktionsfähigkeit der Wertpapiermärkte sowie das Vertrauen der Anleger in eine ordnungsgemäße Abwicklung von öffentlichen Angeboten[15].

Gem. § 35 Abs. 3 WpÜG besteht die Verpflichtung auf Abgabe eines Pflichtangebots allerdings nicht, wenn die Kontrolle über die Zielgesellschaft auf Grund eines freiwilligen Übernahmeangebots erworben wurde. Diese Privilegierung ist Teil der in § 39 WpÜG zum Ausdruck kommenden „Parallelisierung“ [16] von Pflicht- sowie freiwilligem Angebot und soll doppelte Angebote vermeiden. Gleichwohl nutzten mehrere Bieter diesen Begünstigungstatbestand durch Abgabe freiwilliger Angebote mit marginaler, „lustloser“ Kontrollprämie kurz vor Erreichen einer 30 %-Beteiligung aus, um nach knapper Überschreitung dieser Schwelle Zukäufe ohne weitere Konsequenzen tätigen zu können (sog. „low-balling“)[17]. Folglich wird im kapitalmarktrechtlichen Schrifttum die Frage aufgeworfen, ob in diesen Fällen eine Lücke im Schutz der Aktionäre bzw. Anleger angenommen werden kann[18]. *Oechsler* sieht schon in dem Formalcharakter des

§ 29 Abs. 2 WpÜG eine Einladung zur Normumgehung, welcher auch durch die Zurechnungsprinzipien des § 30 WpÜG nicht ausreichend vorgebeugt werde[19]. Soweit in Übernahmeverfahren Finanzinstrumente zur Kontrollerlangung genutzt wurden, blieb ein acting in concert beim Aktienerwerb zwischen Investoren und

---

13 *Harbarth,* ZIP 2002, 321, 322; *Hirte,* Stellungnahme zum RegE eines Gesetzes zur Stärkung des Anlegerschutzes und Verbesserung der Funktionsfähigkeit des Kapitalmarkts, abrufbar unter: http://www.bundestag.de/bundestag/ausschuesse17/a06/anhoerungen/archiv/12_Sanierung_von_Unternehmen/04_Stellungnahmen/Stellungnahme_Hirte.pdf; *Meilicke / Meilicke,* ZIP 2010, 558; *Schlitt / Ries* in: MünchKommAktG, § 35 Rn. 5.

14 *Von Falkenhausen,* ZHR 2010, 293, 300; **a. A.** *Sohbi* in: Heidel, § 35 Rn. 2.

15 *Schröder / Schöfer* in: Schüppen / Schaub, MAH Aktienrecht, § 51 Rn. 159.

16 *Schlitt / Ries* in: MünchKommAktG, § 35 Rn. 250.

17 U. a. ACS / Hochtief, VW / MAN, Schaeffler / Continental.

18 *Merkt,* NZG 2011, 561 (bejahend); **a. A.** *Baums,* ZIP 2010, 2374.

19 *Oechsler,* ZIP 2011, 449; wohl auch *Cahn* in: Mülbert / Kiem / Wittig, 10 Jahre WpÜG, 78, 97 f. und AG 1997, 502, 503.

Banken in der Tat nur schwer bestimmbar[20]. Insofern werden für diesen Tatbestand, der nach Auffassung seitens *von Bülows* zu den „praxisrelevantesten" und am „meisten diskutierten Fragen" des Übernahmerechts[21] zählt, klarere Definitionen gefordert[22]. Vor diesem Hintergrund liegt der Ausarbeitung die Untersuchungsfrage zu Grunde, ob exemplarische Übernahmeverfahren Anlass zu gesetzgeberischen Reformen im Hinblick auf die Pflichtangebotsregelung nach § 35 WpÜG und der Zurechnungsvorschrift nach § 30 WpÜG geben, um deutsche Zielgesellschaften und deren Aktionäre besser vor Übernahmen zu schützen. Dabei gilt es im ersten Hauptabschnitt B. zu untersuchen, ob derartige Transaktionsstrukturen im Lichte des Wortlauts und der Ziele der Übernahmerichtlinie 2004 / 25 / EG vom 21. April 2004[23] als unzulässige Umgehungstatbestände de lege lata oder vielmehr als „achtbare strategische Entscheidungen"[24] gewertet werden können. Die Hochtief-Übernahme durch ACS und die Continental-Übernahme durch Schaeffler sollen jeweils als konkrete Prüfungsgegenstände dienen. Während das Manöver der spanischen ACS durch das low-balling geprägt ist, steht das acting in concert im Mittelpunkt der Conti-Transaktion. Somit ist Teil B. durch zwei getrennt voneinander zu betrachtenden Argumentationssträngen gekennzeichnet.

Freilich verleiten öffentlichkeitswirksame Fallbeispiele dazu, gesetzgeberischen Reformbedarf herzuleiten. Gleichwohl handelt es sich bei den hier erörterten Fällen um vermehrt aufgetretene, repräsentative Gestaltungsmodelle, die den Rechtsanwender in der Vergangenheit vor schwer lösbare Herausforderungen gestellt haben. Von der Frage der Zulässigkeit de lege lata ist zu differenzieren, ob ein stärker reguliertes WpÜG de lege ferenda – z. B. aus rechtspolitischen oder ökonomischen Erwägungen – erstrebenswert ist[25]. Im Hauptabschnitt C. werden

---

[20] U. a. in den Verfahren Deutsche Bank / Postbank; Schaeffler / Continental; vgl. dazu *Habersack*, AG 2008, 817 sowie *Meilicke / Meilicke*, ZIP 2010, 558.

[21] *Von Bülow* in: KölnerKommWpÜG, § 30 WpÜG Rn. 203.

[22] *Lüßmann / Hopp*, Börsenzeitung vom 04.02.2012, 13.

[23] So sind die nationalen Vorschriften nach ständiger Rechtsprechung des EuGH auszulegen, vgl. EuGH, Slg. 1990, I-4135.

[24] So hinsichtlich der Beteiligungstransparenz nach dem WpHG, *Eichner*, ZRP 2010, 5.

[25] *Fleischer / Schmolke*, ZIP 2008, 1501, 1505.

daher die sich in der Diskussion befindlichen Regelungsvorschläge hinsichtlich der §§ 35, 30 WpÜG einer Rechtmäßigkeits- und Zweckmäßigkeitsprüfung unterzogen. Eine Revision der EU-Übernahmerichtlinie ist dagegen nicht Gegenstand der Arbeit[26]. Bei der Beantwortung der aufgeworfenen Frage sollen internationale Vergleichsregelungen nicht unberücksichtigt bleiben. Eine nur punktuelle Betrachtung einzelner Vorschriften ohne Berücksichtigung des jeweiligen Kontextes (z. B. der Aktionärsstrukturen oder Unternehmensverfassungen) kann dem Erfordernis einer Rechtsvergleichung[27] allerdings nicht gerecht werden[28]. Gleichwohl können die Regelungen anderer Staaten als Argumentationsstütze für eigene Empfehlungen dienen.

---

[26] Vgl. dazu *Seibt,* ZIP 2012, 1, der auf Basis der gesamtpolitischen Gesamtsituation von einer Änderungsrichtlinie betreffend „technischer Einzelfragen" ausgeht.

[27] Oder dem Erfordernis einer rechtsvergleichenden Auslegung nationaler Normen, so aber *Berger / Filgut,* AG 2004, 592, 601.

[28] Ausführlich zu methodischen Vorbehalten: *Baums,* ZIP 2010, 2374, 2378.

B. Strukturierungen zur Vermeidung von Pflichtangeboten – Rechtliche Würdigung de lege lata

1.1 Low-balling am Beispiel ACS / Hochtief

Nachdem der spanische Baukonzern ACS am 27. März 2007 25,08 % der Stimmrechte an der Hochtief AG von der Custodia Holding für 72 EUR je Aktie übernommen hat, wurde der Hochtief-Anteil bis Anfang 2009 auf rund 29 % aufgestockt[29]. Die Entscheidung zur Abgabe eines Übernahmeangebots wurde schließlich Mitte September 2010 veröffentlicht. Hiernach beabsichtigt ACS die Beteiligung an Hochtief von 29,98 % auf knapp über 50 % der stimmberechtigten Aktien mit dem Ziel der Vollkonsolidierung zu erhöhen[30]. Im Rahmen der vierwöchigen Frist des § 14 Abs. 1 S. 1 WpÜG wurde den außenstehenden Aktionären der Hochtief AG ein Übernahmeangebot vorgelegt, in dem ein Umtausch der Aktien in Aktien der ACS im Verhältnis 5:8 offeriert wurde[31]. Für das Umtauschverhältnis wurde nach §§ 5, 7 WpÜG-AV der durchschnittliche Börsenkurs während der letzten drei Monate vor der Ankündigung zugrundegelegt[32]. Das vorgesehene Umtauschverhältnis enthielt damit eine sehr geringe Prämie auf den Durchschnittskurs, der seinerseits unter dem Stichtagskurs am Tag der Ankündigung des Übernahmeangebots lag (siehe Abbildung 1). Infolgedessen wurde seitens ACS gerade nicht erwartet, dass die angestrebte Beteiligungshöhe von 50 % mit dem Tauschangebot erreicht werden kann[33]. Die Überschreitung der Stimmrechtsmehrheit wurde in der Folge erst im Juni 2011 vollzogen[34].

---

29 *Schumacher et. al,* Chronik einer Übernahmeschlacht, http://www.wiwo.de/unternehmen/hochtief-vs-acs-die-chronik-der-uebernahmeschlacht/4637902.html.

30 Angebotsunterlage ACS abrufbar unter: http://www.acs-offer.com/deutsch/angebotsunterlage.php.

31 Angebotsunterlage ACS: http://www.acs-offer.com/deutsch/angebotsunterlage.php.

32 *Weber,* NJW 2012, 274, 276.

33 Angebotsunterlage ACS: http://www.acs-offer.com/deutsch/angebotsunterlage.php.

34 NTV GmbH, 50 % überschritten – ACS hat Hochtief im Sack, http://www.n-tv.de/wirtschaft/ACS-hat-Hochtief-im-Sack-article3605071.html.

Abbildung 1: Börsenwert Hochtief AG und Abfindungsbemessung[35]

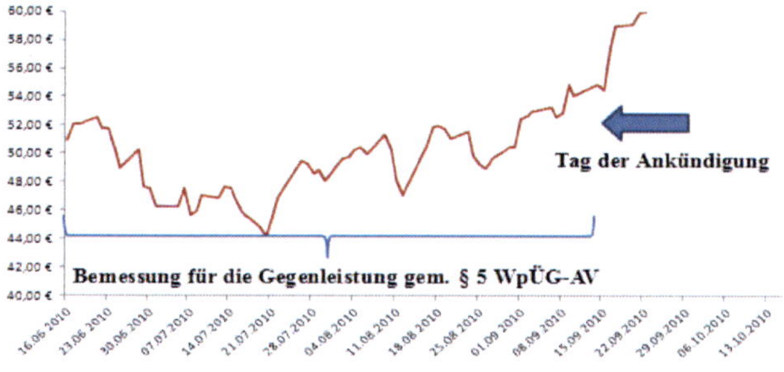

1. Rechtliche Würdigung

Bei dem geschilderten Vorgehen des spanischen Baukonzerns (vgl. B. I.) können mehrere, für das low-balling typische Etappen identifiziert werden. Die erste Etappe besteht im Erwerb einer Beteiligung an der Zielgesellschaft knapp unterhalb der 30%-Schwelle, um gerade kein Pflichtangebot auszulösen. Mit einem Übernahmeangebot, das typischerweise auf einer geringen Börsenbewertung basiert, beabsichtigt der Bieter daraufhin, eine nur geringe Annahmequote zu erreichen, um gerade die 30%-Hürde zu nehmen[36]. Im Anschluss erwirbt er zu höheren Preisen über die Börse und nach Ablauf der für die Nachbesserung maßgebenden Jahresfrist des § 31 Abs. 5 WpÜG außerbörslich Zielaktien[37]. Dieser höhere Preis kommt den Aktionären dann nicht zugute, wohingegen der Bieter mangels kapitalmarktrechtlicher Mitteilungspflichten zwischen 30 % und 50 % öffentlichkeitsfern und meist günstig weitere Zielaktien erwerben kann[38].

---

[35] Eigene Darstellung. Historische Börsenpreisentwicklung abrufbar unter: http://de.finance.yahoo.com/q;_ylt=Ats7y7T1HEtdb5x3uiB9LWOtPqZG;_ylu=X3oDMTFidDQ1YmJrBHBvcwMxMgRzZWMDeWZpU3ltYm9sTG9va3VwUmVzdWx0cwRzbGsDaG90ZGU-?s=HOT.DE.

[36] *Noack / Zetschke* in: Schwark / Zimmer, § 35 Rn. 11; *von Bülow* in: Mülbert, Kiem, Wittig, 10 Jahre WpÜG, 9, 34.

[37] *Baums*, ZIP 2010, 2374, 2388; *Cascante / Tyrolt,* AG 2012, 97, 105.

[38] *Cascante / Tyrolt,* AG 2012, 97, 105; *Hitzer / Düchting,* ZIP 2011, 1084, 1087.

Nachstehend soll diese Transaktionsstruktur rechtlich gewürdigt werden. Hier ist zunächst der Frage nachzugehen, ob low-balling Praktiken den dem Pflichtangebot zugrundeliegenden Gedanken vereiteln, indem Anleger um eine Kontrollprämie gebracht werden. Im Anschluss wird untersucht, ob das allgemeine kapitalmarktrechtliche Gleichbehandlungsgebot nach § 3 Abs. 1 WpÜG eingehalten wird[39].

a) Umgehung des Schutzzwecks von § 35 Abs. 2 WpÜG

§ 35 Abs. 2 WpÜG soll den Aktionären eine Desinvestitionsmöglichkeit zu einer angemessenen Gegenleistung eröffnen (vgl. A.). Im Schrifttum wird teils diskutiert, ob ein Übernahmeangebot, welches nur marginal über dem Durchschnittskurs vor der Ankündigung liegt, diesem Angemessenheitserfordernis ausreichend Rechnung trägt[40]. Etwaige Verbundvorteile oder andere positive Effekte, die der Markt nach Ankündigung des Pflichtangebots einpreisen könnte, finden nämlich im Rahmen der Preisbestimmung nach § 5 WpÜG-AV gerade keine Berücksichtigung[41]. Gleichwohl steht es jedem Angebotsempfänger frei, das Übernahmeangebot anzunehmen. Infolgedessen erhebt die allgemeine Ansicht keine rechtlichen Bedenken gegen low-balling Strategien[42]. *Baums* sieht lediglich in der Abgabe eines Tauschangebots i. S. v. § 31 Abs. 2 WpÜG eine Möglichkeit des Bieters, Aktien „aufzudrängen" und u. U. eine Benachteiligung für außenstehende Aktionäre[43]. Dennoch steht diese Privilegierung des Bieters im Einklang mit der ÜbRL (Art. 2 Abs. 1 lit. e ÜbRL). Darüber hinaus sehen die Berechnungsvorschriften der WpÜG-AV ausreichende Schutzvorkehrungen vor und gehen mit der Börsenpreisregel sogar über die Vorkehrungen der ÜbRL in Art. 5 Abs. 4 S. 1 hinaus. Ob die einzelnen Mechanismen der Angebotsverordnung (z. B. die Referenzzeiträume oder die Gewichtung nach Handelsvolumina) zu einer ange-

---

[39] Dazu eingehend *Baums* ZIP 2010, 2374, 2383, der ferner verfassungsrechtliche Erwägungen berücksichtigt.

[40] *Baums*, ZIP 2010, 2374, 2383, der dies allerdings deutlich verneint.

[41] *Noack* in: Schwark / Zimmer, § 31 Rn. 26; *Süßmann* in: Geibel / Süßmann, § 31 Rn. 103

[42] Vgl. nur *Baums*, ZIP 2010, 2374, 2382 ff.; *Cascante / Tyrolt*, AG 2012, 97, 105; *Hitzer / Düchting*, ZIP 2011, 1084; *von Falkenhausen*, ZHR 2010, 293, 298; mit Bedenken: *Merkt* in: Veil, Übernahmerecht in Praxis und Wissenschaft, 54, 70 ff.

[43] *Baums*, ZIP 2010, 2374, 2382.

messenen Exit-Abfindung führen, kann im Rahmen dieser Ausarbeitung nicht erörtert werden[44].

b) Verstoß gegen das kapitalmarktrechtliche Gleichbehandlungsgebot

§ 3 Abs. 1 WpÜG statuiert das allgemeine übernahmerechtliche Gleichbehandlungsgebot, wonach alle Inhaber von Wertpapieren der Zielgesellschaft, die derselben Gattung angehören, gleich zu behandeln sind. Die Regelung des Pflichtangebots berücksichtigt diesen Grundsatz, indem die Aktien der Zielgesellschaft innerhalb der gesetzlichen Annahmefrist zum gleichen Preis veräußert werden können[45]. *Merkt* sieht im Hinblick auf das geschilderte Vorgehen eine Verletzung dieses Gebots de lege lata dahingehend, dass der Bieter nach Erreichen der Kontrollmehrheit anderen Großaktionären deren Aktienpakete zu einem höheren Preis abkaufen kann[46]. *Baums* entgegnet mit guten Gründen, dass § 31 Abs. 5 WpÜG ehemaligen Aktionären gerade einen Geldanspruch i. H. d. Differenzbetrags zwischen der ihnen gewährten Gegenleistung und der späteren Gegenleistung des Bieters für einen außerbörslichen Erwerb von Wertpapieren an der Zielgesellschaft verschafft[47]. In der Tat ist diese Nachbesserungsregel eine Ausprägung des Gleichbehandlungsgrundsatzes, weshalb der letzteren Auffassung zuzustimmen ist[48]. Es darf allerdings nicht verkannt werden, dass es regelmäßig zu Nachweisproblemen im Hinblick auf etwaige Abreden über Paketerwerbe kommt[49]. Wegen fehlender Offenlegungspflichten im Bereich zwischen der Kontrollschwelle von 30 % und der Mehrheitsschwelle von 50 % könnten somit Informationsasymmetrien entstehen[50]. Infolgedessen könnte die Nachbesserungsregel des § 31 Abs. 5 WpÜG u. U. ins Leere laufen und der Gleichbehandlungsgrundsatz de lege lata verletzt sein.

---

[44] Vgl. dazu aber eingehend *von Bülow* in: Mülbert, Kiem, Wittig, 10 Jahre WpÜG, 9, 36 ff. sowie *von Falkenhausen*, ZHR 2010, 293, 301 ff.

[45] *Fuchs* in: Fleischer, Handbuch des Vorstandsrechts, § 22 Rn.73.

[46] *Merkt* in: Veil, Übernahmerecht in Praxis und Wissenschaft, 59, 72; wohl auch *von Bülow* in: Mülbert, Kiem, Wittig, 10 Jahre WpÜG, 9, 25.

[47] *Baums*, ZIP 2010, 2374, 2383.

[48] *Noack* in: Schwark / Zimmer, § 31 Rn. 74.

[49] *Merkt* in: Veil, Übernahmerecht in Praxis und Wissenschaft, 59, 72.

[50] *Baums*, ZIP 2010, 2384, 2386; *Hitzer / Düchting*, ZIP 2011, 1084, 1088.

2. Zwischenergebnis

Low-balling Strategien verstoßen im Grundsatz nicht gegen die Pflichtangebotsvorschrift[51]. Gleichwohl erscheint der Umstand fragwürdig, dass erst nach Kontrollerwerb hohe Zuschläge gezahlt werden. Daher sollten die Überlegungen de lege ferenda sowohl an dieser Stelle, als auch an der erörterten Problematik hinsichtlich der Nachbesserungsregel des § 31 Abs. 5 WpÜG anknüpfen.

II. Koordinierte Aktienerwerbe mittels Finanzderivaten am Beispiel Schaeffler / Continental

Am 15. Juli 2008 kündigte die Schaeffler KG ein freiwilliges Übernahmeangebot zu 69,37 EUR je Aktie an die Aktionäre der Continental AG an[52]. Im Vorfeld hatten Schaeffler und Gesellschaften der Schaeffler-Gruppe Aktien der Continental AG über 2,97 % und Finanzinstrumente, die zum Erwerb Aktien i. H. v. 4,95 % - also jeweils unterhalb der meldepflichtigen Schwellengrenzen der §§ 21 WpHG – erworben[53]. Daneben hatte Schaeffler mit mehreren Banken um den Konsortialführer Merrill Lynch[54] in bar zu erfüllende Swap-Geschäfte über 28 % der Aktien abgeschlossen (sog. Cash settled total return equity swaps / contracts for difference, im Folgenden: „CfD“ oder “Cash-Swaps”)[55]. Nach Kündigung dieser Derivate und im Rahmen des Übernahmeangebots stockte Schaeffler schließlich den Anteil an Continental um diese 28 % zum 22. August 2008 auf[56].

---

[51] Vgl. nur *Baums*, ZIP 2010, 2374, 2382 ff.; *Cascante / Tyrolt,* AG 2012, 97, 105; *Hitzer / Düchting*, ZIP 2011, 1084; *von Falkenhausen*, ZHR 2010, 293, 298; mit Bedenken, *Merkt* in: Veil, Übernahmerecht in Praxis und Wissenschaft, 54, 70 ff.

[52] Sächsische Zeitung GmbH, Schaeffler legt Angebot für Conti vor, http://www.sz-online.de/nachrichten/artikel.asp?id=1883117&swbm=all.

[53] *Weber / Meckbach,* BB 2008, 2022.

[54] U. a. Merrill Lynch, Dresdner Bank, Unicredit und Credit Suisse, wobei lt. Presseberichten Merrill Lynch dieses Konsortium führte, vgl. *Maier / Wihofszki,* Anschleichtaktik, http://www.ftd.de/unternehmen/finanzdienstleister/:anschleichtaktik-merrill-lynch-fuehrt-angriff-auf-conti/386315.html.

[55] *Schanz,* DB 2008, 1899.

[56] *Bischoff,* Börsen-Zeitung vom 23.08.2008, 9.

1. Rechtliche Würdigung

Continental bezeichnete das geschilderte Vorgehen als Verstoß gegen die Vorschriften über das Pflichtangebot nach §§ 35, 30 WpÜG[57]. Die BaFin hatte keine rechtlichen Bedenken[58]. Diese Auffassung beruhte allerdings auf der Rechtslage vor Einführung des Risikobegrenzungsgesetzes zum 12. August 2008, womit die Zurechnungsnorm des acting in concert modifiziert wurde[59]. Im Folgenden ist die Rechtsnatur der angewandten Derivatstrukturen zu untersuchen und anschließend der Frage nachzugehen, ob sie vom Anwendungsbereich des § 30 WpÜG de lege lata erfasst werden.

a) Funktionsweise der angewandten Cash-Swaps

Cash-Swaps haben allgemein den Austausch von Zahlungsströmen zum Gegenstand. Sie beziehen sich dabei auf eine bestimmte Anzahl von Aktien (underlying) und enthalten die Verpflichtung der Parteien, Zahlungsströme in Abhängigkeit der Wertentwicklung dieser Aktie auszutauschen[60]. Ein CfD wird zwischen dem Investor und der Bank in der Regel auf bestimmte Zeit abgeschlossen und sieht regelmäßig das Kündigungsrecht des Investors vor, so dass vorzeitig abgewickelt und abgerechnet werden muss[61]. Steigt der Wert einer Aktie, zahlt die (short gehende) Bank die Differenz zwischen Aktien- und Referenzkurs an den (long gehenden) Investor; umgekehrt erhält die Bank den Betrag etwaiger Kursverluste (vgl. dazu Abbildung 2)[62]. Um sich gegen das Kursrisiko abzusichern, erwirbt das Bankenkonsortium i. d. R. physisch die entsprechenden Aktien, so dass im Falle einer Kurssteigerung die infolge des CfD zu leistenden Zahlungen kompensiert werden können[63]. Eine physische Unterlegung erfolgt dabei zweckgemäß nur in einem solchen Ausmaß, dass eine Beteiligungsoffenlegung nach den §§ 21 ff.

---

57 *Weber / Meckbach*, BB 2008, 2022. Ferner wurde ein Verstoß gegen die Beteiligungstransparenz moniert, was aber nicht Gegenstand dieser Arbeit ist.

58 *Lüßmann / Hopp*, Börsen-Zeitung vom 04.02.2012, 13.

59 BGBl. I 2008, S. 1666; vgl. dazu *von Bülow / Stephanblome*, ZIP 2008, 1797.

60 *Schiessl*, Der Konzern 2009, 291, 292; *Weber / Meckbach*, BB 2008, 2022 f.

61 *Schiessl*, Der Konzern 2009, 291, 292.

62 *Cascante / Topf*, AG 2009, 53, 60; *Schanz*, DB 2008, 1899, 1901; *Weber / Meckbach*, BB 2008, 2022f.

WpHG vermieden werden kann[64].

Abbildung 2: Typische CfD Struktur bei Übernahmen[65]

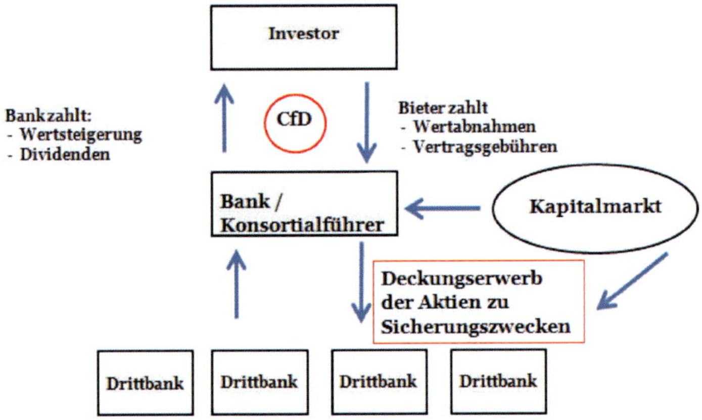

Im Wesentlichen ist ein CfD also so konstruiert, dass für den Investor die Vermögensrechte eines Aktionärs abgebildet werden und vermittelt die gleichen wirtschaftlichen Chancen wie ein direktes Investment in Aktien[66]. *Seibt* veranschaulicht dies mit dem Bild eines „wirtschaftlichen Substrats" an einer Aktie, das rechtlich kein Stimmrecht vermittelt[67]. Im Falle der Kündigung der Derivate durch den Investor wird die Bank die als Sicherung gehaltenen Aktien wieder veräußern[68]. Zwar besteht kein Anspruch seitens des Investors auf physische Lieferung, als Erwerber wird aber meist der spätere Bieter im Übernahmeverfahren in Frage kommen[69]. Wenn die Kündigung des Swaps im zeitlichen Zusammenhang mit der Ankündigung einer Übernahme erfolgt, ist die Annahme eines

---

63 *Schiessl,* Der Konzern 2009, 291, 292; vorsichtiger *Schanz,* DB 2008, 1899, 1901.
64 *Seibt,* ZGR 2010, 795, 811.
65 Eigene Darstellung.
66 *Fox / Trost,* CF biz 2006, 37, 38 ff.; *Schiessl*, Der Konzern 2009, 291, 292.
67 *Seibt,* ZGR 2010, 795, 797, der dies vor dem Hintergrund des § 8 Abs. 5 AktG diskutiert.
68 *Weber / Meckbach,* BB 2008, 2022, 2023.

Pflicht- oder Übernahmeangebots die
technisch unkomplizierteste Abwicklungsmethode für die Banken[70]. Andernfalls kann ein Verkauf großer Aktienpakete am Kapitalmarkt kaum marktschonend erfolgen[71]. In der Literatur wird jedenfalls übereinstimmend davon ausgegangen, dass Schaeffler die Aktien als Hauptabnehmer angedient bekam[72].

b) Halten für Rechnung des Bieters, § 30 Abs. 1 Nr. 2 WpÜG

Bei der vorstehend dargestellten Übernahmestruktur – deren Erwägungen im Wesentlichen auch für den Einsatz anderer Aktienderivate wie z. B. Call-Optionen gelten[73] – stellt sich die Frage, ob das Bankenkonsortium die Conti-Aktien ggf. „für Rechnung des Bieters" i. S. v. § 30 Abs. 1 Nr. 2 WpÜG gehalten hat. Nach überwiegender Ansicht ist es hierfür erforderlich, dass das formale und das wirtschaftliche Eigentum an einer Aktie auseinanderfallen, der Bieter das wirtschaftliche Risiko trägt und auf die Stimmrechtsausübung des Eigentümers Einfluss nimmt[74]. Entsprechend müssten insbesondere das Kurs- und Zahlungsrisiko vom Bieter zu tragen und der Dritte verpflichtet sein, Erträge an den Bieter abzuführen[75]. Ein Stimmrechtseinfluss soll gegeben sein, wenn der Dritte nach Weisungen des Investors abstimmt, wobei ein faktischer Einfluss genügen soll[76]. Primär sind von diesem Tatbestand Treuhandkonstellationen erfasst[77].

Infolge der Verlautbarungen der Schaeffler-Gruppe kann davon ausgegangen werden, dass die Banken ihre Position physisch mit Aktien unterlegt und somit das formelle Eigentum innehatten (vgl. B. II. 1. a). Dagegen lag infolge der typischen Konstruktion der CfD das

---

69 *Schiessl*, Der Konzern 2009, 291. 292; *Weber / Meckbach*, BB 2008, 2022, 2023.
70 *Schiessl*, Der Konzern 2009, 291, 293.
71 *Fleischer / Schmolke*, ZIP 2008, 1501; *Schiessl*, Der Konzern 2009, 291, 293.
72 *Seibt*, ZGR 2010, 795, 811, der sogar eine vertragliche Vereinbarung diesbezüglich vermutet sowie *Weber / Meckbach*, BB 2008, 2022, 2023.
73 *Baums / Sauter*, ZHR 2009, 454, 456.
74 OLG München ZIP 2009, 2095 ff.; OLG Schleswig ZIP 2006, 421, 423; *von Bülow* in: KölnerKommWpÜG, § 30 Rn. 54; *Wackerbarth* in: MünchKommAktG, § 30 Rn. 21.
75 *Süßmann* in: Geibel / Süßmann, § 30 Rn. 6.
76 *Fleischer / Schmolke*, ZIP 2008, 1501, 1503; *Wackerbarth* in: MünchKommAktG § 30 Rn.21.
77 *Veil* in: FS K. Schmidt 2009, 1645, 1649.

wirtschaftliche Risiko bei dem Bieter[78]. Fraglich und im Folgenden zu prüfen ist jedoch, ob in Übereinstimmung mit *Habersack* aus der Übertragung des wirtschaftlichen Risikos geschlussfolgert werden kann, dass die Banken die Stimmrechte im Interesse des Bieters ausübten[79]. *Habersack* argumentiert, dass die Banken infolge ihres Veräußerungszwanges aus eigenen ökonomischen Interessen gehalten waren, ihre Stimmrechte im Sinne von Schaeffler auszuüben[80]. Tatsächlich weist eine Untersuchung der britischen Kapitalmarktaufsicht FSA darauf hin, dass die Inhaber einer Swap-Position versuchen, auf die Stimmrechtsausübung Einfluss zu nehmen[81]. Gleichzeitig wird jedoch darauf hingewiesen, dass Banken oftmals ihr Stimmrecht nur partiell ausüben und eine „no-voting-policy" verfolgen[82]. Der BaFin jedenfalls ist der Nachweis eines Stimmrechtseinflusses nicht gelungen, was im Schrifttum auf Gegenwehr stößt[83]. So sehen *Weber / Meckbach* infolge „kaum lösbarer Beweisfragen"[84] eine restriktive Auslegung hinsichtlich § 30 Abs. 1 Nr. 2 WpÜG nicht geboten und betrachten es als allein ausreichend, wenn den Bieter die wirtschaftlichen Chancen und Risiken treffen. In einer nicht rechtskräftigen, jüngeren Entscheidung verneinte das LG Köln jedoch diese Annahme hinsichtlich § 30 Abs. 1 Nr. 2 WpÜG[85]. In der Sache ging es um einen gestreckten Erwerbsvorgang mit Hilfe einer Pflichtwandelanleihe und wechselseitigen Optionen. Das Gericht stellte klar, dass sich auch bei Derivatkontrakten zwei Vertragspartner mit eigenen Interessen gegenüberstehen[86]. Auch *Fleischer / Schmolke* weisen gut begründet darauf hin, dass für eine Vermutung der Stimmrechtsmacht von Investoren die empirische Basis fehle; Banken können über die betreffenden Aktien frei disponieren und diese z. B. auch im Wege der Wertpa-

---

78 *Weber / Meckbach,* BB 2008, 2022, 2007.

79 *Habersack,* AG 2008, 817, 818; wohl auch, aber ohne Begründung *Engert,* ZIP 2006, 2105, 2110.

80 *Habersack,* AG 2008, 817, 818.

81 *Weber / Meckbach,* DB 2008, 2022, 2028.

82 Financial Services Authority: Disclosure for Contracts of Difference, http://www.fsa.gov.uk/pubs/cp/cp07_20.pdf.

83 *Habersack.* AG 2008, 817; *Weber / Meckbach,* DB 2008, 2022.

84 *Weber / Meckbach,* DB 2008, 2022; wohl auch *Schanz,* DB 2008, 1899, 1902 f.

85 LG Köln ZIP 2012, 229 (n. rkr.) hinsichtlich der Übernahme der Postbank durch die Deutsche Bank, ausführlich dazu: *Meilicke / Meilicke,* ZIP 2010, 558 sowie *Wackerbarth,* ZIP 2012, 253, 257 f.

86 LG Köln ZIP 2012, 229 (n. rkr.).

pierleihe weiterreichen[87].

Auch nach hier vertretener Auffassung kann es nicht überzeugen, dass aus ökonomischen Motiven der Tatbestand des Stimmrechtseinflusses – auch wenn er den Rechtsanwender vor Probleme stellt – unberücksichtigt bleiben soll. Die Banken hielten die Zielaktien der Continental eben nicht auf Rechnung von Schaeffler, sondern zu eigenen Sicherungszwecken. Insofern waren die entsprechenden Aktien faktisch „aus dem Spiel genommen"[88]. Im Ergebnis kann also bei Übernahmekonstellationen, die durch ein Anschleichen mittels Finanzderivaten gekennzeichnet sind, ohne Nachweis des Stimmrechtseinflusses auf einen Intermediär kein Halten auf Rechnung des Bieters angenommen werden. Die ÜbRL steht nach allgemeiner Ansicht einer solch restriktiven Auslegung des § 30 Abs. 1 Nr. 2 WpÜG nicht entgegen[89].

c) Einem Dritten als Sicherheit übertragen, § 30 Abs. 1 Nr. 3 WpÜG

Nach § 30 Abs. 1 Nr. 3 WpÜG werden einem Bieter Stimmrechte aus Aktien einer Zielgesellschaft zugerechnet, die der Bieter einem Dritten als Sicherheit übertragen hat, es sei denn, der Dritte ist zur Ausübung der Stimmrechte aus diesen Aktien befugt und bekundet die Absicht, die Stimmrechte unabhängig von den Weisungen des Bieters auszuüben. Im hier zu prüfenden Fall haben die Banken mutmaßlich ihre Swap-Positionen zu Sicherungszwecken mit Aktien des Zielunternehmens physisch hinterlegt[90]. Somit ist der Anwendungsbereich des § 30 Abs. 1 Nr. 3 WpÜG gerade nicht betroffen; eine Auslegung entgegen des klaren Wortlauts des § 30 Abs. 1 Nr. 3 WpÜG ist auch nicht geboten[91].

d) Erwerb durch Willenserklärung, § 30 Abs. 1 Nr. 5 WpÜG

---

[87] *Fleischer / Schmolke,* ZIP 2008, 1501, 1506; auch *von Bülow* in: KölnerKommWpÜG, § 30 Abs. 124.
[88] So veranschaulicht von *Wackerbarth* in: MünchKommAktG, § 30 Rn. 21.
[89] *Mülbert,* NZG 2004, 633, 636; *Veil* in: FS K. Schmidt 2009, 1645, 1662; *von Bülow*: KölnKommWpÜG, § 30 Rn. 98.
[90] *Schiessl,* Der Konzern 2009, 291, 292; *Weber / Meckbach,* BB 2008, 2022, 2027.
[91] *Weber / Meckbach,* BB 2008, 2022, 2030.

Nach § 30 Abs. 1 Nr. 5 WpÜG stehen Stimmrechten des Bieters Stimmrechte aus Aktien der Zielgesellschaft gleich, die der Bieter durch Willenserklärung erwerben kann. Nach überwiegender Ansicht betrifft Nr. 5 nur dingliche Optionen; ein rein schuldrechtlicher Anspruch auf Aktienübertragung soll nicht ausreichend sein[92]. Eine Zurechnung nach § 30 Abs. 1 Nr. 5 WpÜG erfolgt also nur, wenn der Aktieninhaber dem Bieter ein dingliches Angebot auf Aktienübertragung macht. In jenen Fällen vermutet der Gesetzgeber unwiderleglich, dass zwischen Verkäufer und Erwerber Abmachungen über die Ausübung des Stimmrechts getroffen sind[93]. Wie auch hinsichtlich § 30 Abs. 1 Nr. 3 WpÜG steht hier der klare Wortlaut einer anderen Auslegung entgegen[94]. CfD geben dem Bieter i. d. R. einen Anspruch auf Zahlung eines Differenzbetrags. Ein dinglicher Realerfüllungsanspruch auf Aktienlieferung wird gerade nicht begründet[95], weshalb für eine Zurechnung über § 30 Abs. 1 Nr. 5 WpÜG kein Raum gegeben ist[96].

e) Acting in Concert, § 30 Abs. 2 WpÜG

Die vorstehenden Überlegungen haben gezeigt, dass ein Einfluss von Schaeffler auf das Stimmrechtsverhalten der Banken nicht angenommen werden kann. Gleichwohl liegt es sehr nah, dass die Transaktionsstruktur und der Erwerb des kontrollbegründenden Stimmenanteils zwischen dem Bieter und dem Bankenkonsortium koordiniert war, was im Folgenden vorausgesetzt werden soll[97]. Daher gilt es nachstehend zu prüfen, ob die von den Banken gehaltenen Stimmrechte dem Erwerber ggf. im Wege des acting in concert i. S. v. § 30 Abs. 2 WpÜG zugerechnet werden können. Dies würde voraussetzen, dass der Bieter sein Verhalten in Bezug auf die Zielgesellschaft auf Grund einer Vereinbarung oder in sonstiger Weise abstimmt, § 30 Abs. 2 S. 1 WpÜG. Gem. § 30 Abs. 2 S. 2 WpÜG

---

92 *Engert*, ZIP 2006, 2105, 2110; *Fleischer / Schmolke*, ZIP 2008, 1501, 1504; *Noack / Zetschke* in: Schwark / Zimmer, § 30 Rn. 14.

93 *Wackerbarth* in: MünchKommAktG, § 30 Rn. 25.

94 *Cascante / Topf*, AG 2009, 53. 63.

95 *Schiessl*, Der Konzern 2009, 291, 292; *Schneider / Anzinger*, ZIP 2009, 1,7.

96 So auch das LG Köln ZIP 2012, 229, 231 (n. rkr.) im Hinblick auf wechselseitige Optionen; auch *Fleischer / Schmolke*, ZIP 2008, 1501, 1505.

97 So auch *Weber / Meckbach*, BB 2008, 2022, 2026, auch wenn es sich um eine Tatfrage handelt.

müssten sich der Bieter und ein Dritter über die Ausübung von Stimmrechten verständigen oder mit dem Ziel einer dauerhaften und erheblichen Änderung der unternehmerischen Ausrichtung in sonstiger Weise zusammenwirken[98]. Des Weiteren darf es sich nicht um einen Einzelfall handeln.

aa) Verhaltensabstimmung durch Vereinbarung oder in sonstiger Weise

Erforderlich für eine Abstimmung ist zunächst eine Koordinierung der Verhaltensweisen infolge eines bewussten geistigen Kontakts[99]. Während unter den Begriff der Vereinbarung sämtliche Absprachen fallen, werden auch in sonstiger Weise erfolgende Abstimmungen erfasst[100]. Eine Abstimmung in sonstiger Weise liegt vor, wenn tatsächliche Umstände geschaffen wurden, die eine gleichgerichtete Stimmabgabe lediglich erwarten lassen[101]. Soweit die Banken zur Absicherung ihrer Position Continental Aktien bezogen haben, wird zwischen ihnen und Schaeffler ein abgestimmtes Verhalten zumindest in „sonstiger Weise" vorliegen[102]. Ausgenommen vom Anwendungsbereich des § 30 Abs. 2 WpÜG sind allerdings Vereinbarungen in Einzelfällen. Diese Einzelfallausnahme stellt im Hinblick auf die drohende Rechtsfolge eines Pflichtangebots ein Korrektiv dar, um den Zurechnungstatbestand des § 30 Abs. 2 WpÜG nicht zu weit reichen zu lassen[103]. Der Wortlaut des § 30 Abs. 1 S. 1 2. HS WpÜG stellt zwar nur auf Vereinbarungen ab, aus teleologischen Gründen muss dieses Privileg nach allgemeiner Auffassung auch auf den schwächeren Koordinationstatbestand „in sonstiger Weise" entsprechend Anwendung finden[104]. Der Meinungsstreit, ob das

---

[98] *Pluskat,* DB 2008, 383, 385.

[99] *Von Bülow* in: Merkt, Übernahmerecht in Wissenschaft und Praxis, 137, 142; *Wackerbarth* in: MünchKommAktG, § 30 Rn. 38.

[100] *Noack* / Zetschke in: Schwark / Zimmer, § 30 Rn. 42; *Wackerbarth* in: MünchKommAktG, § 30 Rn. 34 f.

[101] *Gätsch / Schäfer,* NZG 2008, 846, 850; *Wackerbarth* in: MünchKommAktG, § 30 Rn. 34 f.

[102] *Schanz / Schalast,* Schaeffler / Continental im Lichte der CSX Corp.-Entscheidung, Frankfurt School – Working Paper Series No. 100, S. 21; http://www.frankfurt-school.de/dms/Arbeitsberichte/Arbeits100.pdf.

[103] *Noack / Zetschke* in: Schwark / Zetschke, § 30 Rn. 46.

[104] So *Noack / Zetschke* in: Schwark / Zetschke, § 30 Rn. 46; *von Bülow / Stephanblome*, ZIP 2008, 1797, 1799.

Vorliegen eines Einzelfalls anhand formeller oder materieller Kriterien zu ermitteln ist, kann in diesem Rahmen unberücksichtigt bleiben[105]. Soweit der Bieter eine Übernahme mit einem Dritten beabsichtigt, wird dies jedenfalls in formeller Hinsicht einen ganzen Abstimmungsbündel erfordern, was auch bei materiell wertender Betrachtung angesichts der damit verbundenen Intensität keine Einzelfallentscheidung für die Zielgesellschaft darstellen kann[106]. Weniger eindeutig und im Schrifttum höchst umstritten ist dagegen die im Folgenden zu klärende Frage, ob ein koordinierter Aktienerwerb auch eine Abstimmung „in Bezug auf die Zielgesellschaft" darstellt.

bb) Bezug zur Zielgesellschaft

Mit dem in § 30 Abs. 2 WpÜG geforderten Bezug auf die Zielgesellschaft ist allgemein jedes Verhalten gemeint, dass sich direkt oder indirekt auf diese Gesellschaft auswirkt[107]. Im Rahmen einer restriktiven Auslegung des § 30 Abs. 2 WpÜG (a. F.) legte der BGH in seiner WMF-Entscheidung vom 18. September 2006 fest, dass lediglich Vereinbarungen über die Stimmrechtsausübung in der Hauptversammlung von § 30 Abs. 2 WpÜG erfasst werden[108]. Im konkreten Fall schloss der BGH die abgestimmte Wahl von Aufsichtsratsmitgliedern als Tatbestandsvariante des § 30 Abs. 2 WpÜG aus. Nach Auffassung des Senats würde eine Berücksichtigung anderer Abstimmungsvorgänge die Wortlautgrenze des § 30 Abs. 2 WpÜG „sprengen"[109]. Aufgrund der Bußgeldbewährung i. S. v. § 60 WpÜG sei zudem ein wortlautgemäßes Verständnis geboten[110].

Diese Entscheidung lieferte die für die Praxis wichtige Erkenntnis, dass Abreden und Abstimmungen zum gemeinsamen Erwerb von Aktien mit der Zurechnung

---

[105] M. w. N. *Gätsch / Schäfer,* NZG 2008, 846, 850; *Hamann,* ZIP 2007, 1088, 1094 und *Kocher,* Der Konzern 2010, 162, wonach die formelle Auffassung dabei auf die Zahl der Abstimmungen abstellt, während es bei der materiellen Auffassung auf die Auswirkungen einer Abstimmung ankommt.

[106] *Kocher,* Der Konzern 2010, 162, 165.

[107] *Berger / Filgut,* AG 2004, 592; *von Bülow* in: Mülbert / Kiem / Wittig, 10 Jahre WPÜG, 137, 142.

[108] BGH NZG 2006, 945.

[109] BGH NZG 2006, 945, 948.

[110] BGH NZG 2006, 945, 948.

von Stimmrechten nichts zu tun haben und bestätigte somit die herrschende Lehre[111]. So konkretisierte das LG Hamburg darauf die Antwort auf die hier aufgeworfene Frage dahingehend, dass es bei einem konzertierten Aktienerwerb an einer Koordinierung der Stimmrechte der Erwerber fehle und etwaige Abstimmungen lediglich dazu dienen, den Übernahmeerfolg sicherzustellen[112]. *Hamann* führt dazu anschaulich aus, dass ein gemeinsamer Aktienerwerb nicht den von der Norm erforderlichen Einfluss besitze, da er „vor der Tür der Gesellschaft" stattfinde[113]. Die Bundesregierung schloss sich dieser restriktiven Judikatur allerdings nicht an[114]. Der Regierungsentwurf zum Risikobegrenzungsgesetz sah folglich eine explizite Regelung über Konzertierungen „in Bezug auf die Zielgesellschaft oder den Erwerb von Aktien" vor[115], die sich jedoch im parlamentarischen Verfahren nicht durchsetzen konnte. Der Finanzausschuss bemerkte in diesem Rahmen, dass bei einem gemeinsam erfolgenden Aktienerwerb eine Abstimmung in Bezug auf den Emittenten nicht zwangsläufig der Fall sei[116]. Gleichwohl wurde der Schutzzweckzusammenhang durch den neu gefassten § 30 Abs. 2 S. 2 WpÜG erweitert, wonach nunmehr nicht nur die Stimmrechtsmacht, sondern auch ein sonstiger Einfluss auf die unternehmerische Ausrichtung der Zielgesellschaft zu berücksichtigen ist. Aus dieser gesetzgeberischen Wertung hat sich im Schrifttum erneut die umstrittene Folgefrage entwickelt, ob ein konzertierter Aktienerwerb von § 30 Abs. 2 S. 2 Alt. 2 WpÜG erfasst wird[117].

cc) Gemeinsames Ziel einer dauerhaften Änderung der Unternehmensausrichtung

Unter § 30 Abs. 2 S. 2 2. Alt. WpÜG soll jedes Verhalten subsumiert werden, das

---

[111] *Noack*, LMK 2006, 204721; *Noack / Zetschke* in: Schwark / Zimmer, § 30 Rn. 22a; *Schockenhoff / Schumann*, ZGR 2005, 568, 576; *von Bülow* in: KölnerKommWpÜG § 30 Rn. 277 ff.; **a. A.** *Borges*, ZIP 2008, 357, 364.

[112] LG Hamburg ZIP 2007, 427, 429 ff.

[113] *Hamann*, ZIP 2007, 1088, 1090.

[114] Vgl. RegE, BT-Drucks. 763/07, S. 11.

[115] Vgl. RegE, BT-Drucks. 16/7438, S. 6 l. Spl.

[116] Vgl. Bericht Finanzausschuss, BT-Drucks 16/9821, S. 11 r. Spl.

[117] Eine vordringende Meinung sieht den konzertierten Aktienerwerb als Gegenstand des § 30 Abs. 2 WpÜG: *Oechsler*, ZIP 2011, 449, 451; *Taschke*, Acting in Concert im deutschen Übernahmerecht, 134 ff.

unmittelbar oder mittelbar auf eine Änderung der unternehmerischen Ausrichtung der Gesellschaft abzielt[118]. Somit kann ausweislich der Gesetzesbegründung auch ein Verhalten außerhalb der Stimmrechtsausübung zu einer Zurechnung führen[119]. Trotz Erweiterung des Normwortlautes des § 30 Abs. 2 WpÜG hält sowohl der BGH, als auch die wohl überwiegende Meinung im Schrifttum an den in der WMF-Entscheidung entwickelten Grundsätzen fest und verweisen dabei die Entstehungsgeschichte der Norm[120]. Nach dem Scheitern im Gesetzgebungsverfahren könne der bloß abgestimmte Aktienerwerb nicht mehr de lege lata als tauglicher Absprachegegenstand anerkannt werden[121]. Eine Gegenmeinung argumentiert, dass bei richtlinienkonformer Auslegung ein abgestimmter Erwerb ausreiche, um ein acting in concert zu begründen[122]. Der Begriff der gemeinsam handelnden Personen wird in Art. 2 Abs. 1 d) der Übernahmerichtlinie definiert, wonach eine Zusammenarbeit „um die Kontrolle über die Zielgesellschaft zu erhalten“ genügt. Ebenso wie das nationale WpÜG geht die Übernahmerichtlinie dabei von einem formellen Kontrollverständnis aus[123]. Nach Auffassung von *Borges* sei die Übernahmerichtlinie gar auf den abgestimmten Anteilserwerb fokussiert[124]. Soweit dabei wegen des Gesetzgebungsverfahrens ein Auslegungsspielraum verneint wird[125], ist zu entgegnen, dass hiernach gerade nicht zwangsläufig ausgeschlossen ist, dass gemeinsame Aktienerwerbe ein acting in concert darstellen[126]. Vielmehr scheint es auf die Umstände des Einzelfalls anzukommen, weshalb nachfolgend der Zusammenhang zwischen einem konzertierten Aktien-

---

[118] *Schreiber,* AG 2008, 73, 74; *von Bülow / Stephanblome*, ZIP 2008, 1797, 1798.

[119] Vgl. RegE, BT-Drucks. 16/7438, S. 17 r. Spl.; dazu: *von Bülow* in: Mülbert / Kiem / Wittig, 10 Jahre WpÜG, 9, 13; *König,* BB 2008, 1910, 1911.

[120] BGH NZG 2011, 1147, 1149; *Gätsch / Schäfer,* NZG 2008, 846, 850; *von Bülow* in: Veil, Übernahmerecht in Wissenschaft und Praxis, 137, 158 f.

[121] *Von Bülow* in: Veil, Übernahmerecht in Wissenschaft und Praxis, 137, 158 f.

[122] *Berger / Filgut*, AG 2004, 592, 596; *Engert,* ZIP 2006, 2105, 2011; *Hobt / Mülbert / Kumpan,* AG 2005, 109, 111; *Mülbert,* NZG 2004, 633, 637; 642; *Weber / Meckbach,* DB 2008, 2022, 2025f.

[123] *Berger / Filgut*, AG 2004, 592, 596; *Seibt / Heiser*, AG 2006, 301, 307; *Weber / Meckbach,* DB 2008, 2022, 2025.

[124] *Borges,* ZIP 2007, 357, 364.

[125] *Gätsch / Schäfer,* NZG 2008, 846, 850; *Pluskat,* DB 2008, 338; *Weber / Meckbach,* DB 2008, 2022, 2025.

[126] Vgl. Bericht Finanzausschuss, BT-Drucks. 16/9821, S. 11 r. Spl., wonach ein Aktienerwerb nicht zwangsläufig zu einer Abstimmung in Bezug auf den Emittenten führt.

erwerb und der unternehmerischen Ausrichtung zu prüfen ist.

Mit dem Kauf von Aktien selbst wird zunächst die unternehmerische Ausrichtung einer Zielgesellschaft kaum verändert[127]. Das gilt wohl gerade für einen mittelbaren Erwerb, der über Derivatkonstruktionen erfolgt[128]. Allerdings ändern sich mit dem Erwerb größerer Pakete die Beteiligungs- und Stimmverhältnisse. Auch liegt es nahe, dass derjenige, der eine Kontrollmehrheit an einem Unternehmen erwirbt, regelmäßig beabsichtigen wird, die unternehmerische Ausrichtung dauerhaft und erheblich zu beeinflussen[129]. Soweit sich ein Bieter den Erwerb der an der Kontrollmehrheit fehlenden Stimmrechte schuldrechtlich zusichert, wird er regelmäßig keine Geschäftspolitik dulden, die seinen verfolgten Zweck konterkariert[130]. *Borges* stellt diesbezüglich plakativ fest, dass derjenige, der „viel Geld in die Hand nimmt", wohl auch eine kontrollrelevante Beteiligung und einen beherrschenden Einfluss beabsichtige[131]. *Korff* betrachtet im Rahmen einer extensiven Auslegung schon Vorbereitungshandlungen als gemeinsames Handeln i. S. v. § 30 Abs. 2 WpÜG[132]. Legt man jedenfalls den Sinn und Zweck dieser Norm zu Grunde, so müsste der koordinierte, gemeinsame Aktienerwerb im Hinblick auf die Gewährleistung eines angemessenen Umgehungsschutzes jedenfalls in den Anwendungsbereich fallen, wenn eine Erwerbsabsicht mindestens 30 % der Anteile betrifft[133]. Hinsichtlich der diskutierten Conti-Übernahme ist offensichtlich, dass die Swap Verträge zur Vorbereitung der Übernahme und der Kontrollerlangung dienten[134]. Die eingesetzten CfD waren nach damaliger Rechtslage nicht von den §§ 21 ff. WpHG erfasst. Infolgedessen konnte sich Schaeffler unbemerkt an die Zielgesellschaft „anschleichen", ohne dies den

[127] *Korff,* AG 2008, 692, 694.
[128] *Noack / Zetschke* in: Schwark / Zimmer, § 30 Rn. 22.
[129] *Meilicke / Meilicke,* ZIP 2010, 558, 563.
[130] *Meilicke / Meilicke,* ZIP 2010, 558, 563.
[131] *Borges,* ZIP 2007, 357, 364.
[132] *Korff,* AG 2008, 692, 694; wohl auch *Wilsing / Goslar*, DB 2007, 2467, 2472; das OLG Frankfurt a. M. würde bei einer derart weiten Auslegung allerdings die Funktionsfähigkeit der Märkte bezweifeln, OLG Frankfurt a. M. ZIP 2004, 1309, 1312.
[133] So auch *Berger / Filgut,* AG 2004, 592, 599; *Oechsler,* ZIP 2011, 449, 450; *Taschke,* Acting in Concert im deutschen Übernahmerecht, S. 137.
[134] *Weber / Meckbach,* BB 2008, 2022, 2030.

anderen Marktteilnehmern kommunizieren zu müssen. Somit entging den Aktionären womöglich eine höhere Übernahmeprämie[135]. Durch eine nur teilweise Kündigung der Swaps gelang es Schaeffler zudem, dass change-of-control-Klauseln auf Seiten von Continental im Verhältnis zu Dritten nicht ausgelöst wurden[136]. Diese Punkte zeigen, wie gut durchdacht die Übernahme war. Somit sprechen auch unter teleologischen Gesichtspunkten die besseren Gründe dafür, dass der diskutierte Beteiligungsaufbau zwischen Schaeffler und den Banken de lege lata ein acting in concert gem. § 30 Abs. 2 WpÜG darstellt. Freilich kann dieses Ergebnis nicht für alle Erwerbssituationen gelten. Soweit Aktienkäufe nicht im kontrollrelevanten Umfang geschehen oder nur Spekulationszwecken dienen, wäre eine Zurechnung nach § 30 Abs. 2 WpÜG nicht angemessen[137].

2. Zwischenergebnis

Zusammenfassend hat das Bankenkonsortium um Merrill Lynch die Zielaktien der Continental AG mangels Stimmrechtseinfluss nicht auf Rechnung von Schaeffler nach § 30 Abs. 1 Nr. 2 WpÜG gehalten. Entgegen der herrschenden Meinung haben die Ergebnisse der richtlinienkonformen und teleologischen Auslegung ergeben, dass ein konzertierter Aktienerwerb im kontrollrelevanten Umfang wohl unter § 30 Abs. 2 WpÜG zu subsumieren ist. Insofern spricht viel für die Annahme, dass Schaeffler ein verspätetes Übernahmeangebot abgegeben hat, so dass die BaFin nach § 15 WpÜG das Übernahmeangebot hätte untersagen und entsprechende Sanktionen aussprechen müssen[138]. Die betroffenen Conti-Aktionäre hätten im Zivilrechtsweg gegen Schaeffler klagen können; die Zivilgerichte sind an die unzutreffende Ansicht der BaFin grds. nicht gebunden[139].

Fraglich ist aber, wie und zu welchem Zeitpunkt ein entsprechender Nachweis der Konzertierungsabsichten zwischen Schaeffler und den beteiligten Banken hätte erfolgen sollen. Auch wenn die nunmehr nach § 25 a WpHG offenlegungspflichtigen Cash-Swaps stark auf eine Übernahmeabsicht hindeuten, so sagt dieser

---

[135] *Habersack,* AG 2008, 817, 820.

[136] *Weber / Meckbach,* BB 2008, 2022, 2024.

[137] So auch *Taschke,* Acting in Concert im deutschen Übernahmerecht, S. 156.

[138] Im Ergebnis ähnlich: *Habersack,* AG 2008, 817, 819.

Befund zunächst nicht mehr aus, als dass zwei Parteien Zahlungsströme in Bezug auf eine Aktie austauschen. Nach überwiegender Auffassung kann sich die BaFin oder derjenige, der einen Verstoß gegen die Angebotspflicht geltend machen will, nicht auf etwaige Beweiserleichterungen berufen, sondern muss vielmehr einen vollen Nachweis erbringen (vgl. C. III. 2.)[140]. De lege lata ist daher fraglich, wie dies geschehen soll[141]. Um die Einhaltung der Vorschriften des WpÜG zu gewährleisten, stehen der BaFin zwar nach § 40 WpÜG gegenüber der Gesellschaft und den Aktionären Ermittlungsbefugnisse zu. Eine schriftliche Dokumentation entsprechender Abreden wird die Behörde allerdings nur selten zur Verfügung gestellt bekommen; auch existiert im WpÜG keine Kronzeugenregelung[142]. *Schneider* weist in diesem Zusammenhang darauf hin, dass sich die Beteiligten ohnehin „hinter verschlossenen Türen" treffen[143]. De lege ferenda scheint also an dieser Stelle Handlungsbedarf zu bestehen, um die Nachweisbarkeit des § 30 Abs. 2 WpÜG – insbesondere im Zusammenhang mit konzertierten Aktienerwerben – zu verbessern.

---

[139] Eingehend *Meilicke / Meilicke,* ZIP 2010, 558, 565.

[140] *Hamann,* ZIP 2007, 1088, 1091; *Hammen*, Der Konzern 2009, 18, 21 f.; *Pentz,* ZIP 2003, 1478, 1481.

[141] *Cahn* in: Mülbert, Kiem, Wittig, 10 Jahre WpÜG, 77, 100; *Oechsler,* ZIP 2010, 449, 454; vgl. aus aktuellem Anlass ferner *Süßmann / Hopp,* Börsen-Zeitung vom 04.02.2012, 13 im Hinblick auf den Fall SGL Carbon.

[142] *Löhdefink,* Acting in Concert und Kontrolle im Übernahmerecht, S. 185; *Oechsler*, ZIP 2011, 449, 452.

[143] *Schneider* in: Assmann / Schneider, WpHG, § 22 Rn. 160.

C. Überlegungen de lege ferenda

I. Rechtspolitische Argumente für ein stärker reguliertes Übernahmerecht

Insbesondere wegen der im vorhergehenden Abschnitt dargestellten Übernahmen, sehen die Autoren des kapitalmarktrechtlichen Schrifttums den Gesetzgeber vor einer „rechtspolitischen Bewährungsprobe“[144]. Im Vorfeld etwaiger Überlegungen de lege ferenda ist jedoch herauszustellen, welche rechtspolitischen Argumente ein restriktiveres Übernahmerecht verlangen und welche Interessen eigentlich gefährdet sind. Hierzu soll zunächst ein Blick auf den von der SPD-Fraktion im Bundestag und von dem Land Nordrhein-Westfalen im Bundesrat eingebrachten (letztlich gescheiterten) Gesetzesentwurf zur Ergänzung des WpÜG vom 27. Oktober 2010 geworfen werden[145]. Im Beschluss des SPD-Vorstands wird dazu ausgeführt, dass der Gesetzgeber nicht „tatenlos“ bei feindlichen Übernahmen – vor allem aus dem Ausland – zusehen dürfe; derartige Transaktionen würden nach Auffassung der Fraktion den Bestand gesunder Unternehmen sowie nationale Arbeitsplätze gefährden und somit einen volkswirtschaftlichen Schaden herbeiführen[146].

Die negative Börsenkursentwicklung der Hochtief Aktie seit Veröffentlichung gem. § 35 Abs. 1 WpÜG scheint die obige Argumentation auf den ersten Blick flankieren zu können. Im Gegensatz dazu hat die Continental AG mittlerweile wieder das Kursniveau erreicht, das sie im Vorfeld der Kontrollerlangung und der Finanzkrise hatte (vgl. Abbildung 3).

---

[144] *Hitzer / Düchting,* ZIP 2011, 1084.

[145] Vgl. Gesetzesentwurf der SPD-Fraktion, BT-Drucks. 17/3481.

[146] Beschluss des SPD Vorstands v. 25.10.2010, Lücken im Übernahmerecht schließen – Stärkung einer nachhaltigen Unternehmensführung, http://www.spd.de/aktuelles/Pressemitteilungen/5414/20101025_beschluss_uebernahmerecht.html; vgl. dazu: *Jahn,* AG 2010, R491.

Abbildung 3: Börsenwertentwicklung Continental und Hochtief nach Übernahmeangeboten[147]

Presseberichten zufolge herrscht ferner nach den Abgängen auf Vorstandsebene bei Hochtief eine Mitarbeiterverunsicherung und insgesamt ein Identitätsverlust, was zur negativen Wertentwicklung beitrage[148]. Im Falle der Continental-Übernahme sah sich der Bieter Schaeffler im Anschluss nicht mehr in der Lage, die Finanzierung zu stemmen und musste stattdessen Stellen streichen[149]. Entgegen dieser Negativbeispiele können Übernahmen gesamtwirtschaftlich – z. B. infolge von Synergieeffekten – auch von Nutzen sein. Ex ante wird der Gesetzgeber jedenfalls nicht beurteilen können, ob sich eine Übernahme bzw. eine Investition negativ oder positiv auf die potenzielle Zielgesellschaft und deren Stakeholder auswirkt[150]. Als exportorientierte Wirtschaftsnation wirbt Deutschland mit gutem Grund mit Investitionsfreiheit und profitiert von offenen Märkten. Darüber hinaus sind feindliche Übernahmen nicht schon deshalb per se als nachteilig einzustufen, nur weil der Vorstand und der Aufsichtsrat dieser Meinung sind[151]. Bei allen Reformüberlegungen sollte nach hier vertretener Meinung der verschärfte internationale Wettbewerb um ausländische Investitionen und Investoren nicht

---

[147] Eigene Darstellung. Historische Börsenkurse abrufbar unter: Yahoo Deutschland GmbH, http://de.finance.yahoo.com/q?s=CON.DE&ql=0.

[148] *Schumacher / Müller,* Bei Hochtief herrscht der Frust, http://www.wiwo.de/unternehmen/dienstleister/uebernommener-bauriese-bei-hochtief-regiert-der-frust/6527770.html.

[149] *Hesse / Ritzer,* Schaeffler streicht 8000 Jobs, http://www.sueddeutsche.de/wirtschaft/automobilzulieferer-schaeffler-streicht-jobs-1.465662.

[150] So auch *Baums,* ZIP 2010, 2374, 2377, vgl. dazu auch *Hitzer / Simon / Düchting,* AG 2012, 237, 238, die Handlungsempfehlungen für Vorstände geben.

unberücksichtigt bleiben[152]. Diese Forderung stellt sich auch vor dem Hintergrund, dass dem Vorstand einer Zielgesellschaft diverse Instrumente zur Abwehr eines unerwünschten Übernahmeangebots zur Verfügung stehen (z. B. Kapitalerhöhungen unter Ausschluss des Bezugsrechts, die Suche nach konkurrierenden Bietern oder sog. „golden parachutes")[153].

Im Ergebnis können die Motive der SPD im Hinblick auf etwaige Reformvorschläge des WpÜG nicht überzeugen. Schützenswert sind aus wertpapierübernahmerechtlicher Perspektive weder die Arbeitnehmer, noch das Unternehmen selbst[154]. Vielmehr haben die bisherigen Ergebnisse gezeigt, dass die Interessen der Anleger / Aktionäre einer Zielgesellschaft gefährdet sein können[155]. So wurde am Beispiel der Hochtief-Übernahme aufgezeigt, dass die Anleger an dem eigentlichen Kontrollerwerb – ggf. sogar in Form einer qualifizierenden Stimmrechtsmehrheit – nach Ablauf der Jahresfrist i. S. v. § 31 Abs. 5 WpÜG und mithin an signifikanten Kontrollprämien oft nicht mehr partizipieren[156]. Die rechtliche Würdigung der Continental-Übernahme hat zudem demonstriert, dass der tatsächliche Zeitpunkt eines Kontrollerwerbs in Gestalt eines acting in concert nach § 30 Abs. 2 WpÜG kaum nachzuweisen ist. Dies könnte für außenstehende Aktionäre die Gefahr bergen, dass sich neue Stimmrechtsblöcke und Beherrschungsverhältnisse unbemerkt zu deren Nachteil auswirken. Aus vermögensrechtlicher Perspektive könnte dies dazu führen, dass die Aktionäre der Zielgesellschaft nicht zu dem Preis abgefunden werden, welcher vor der Entstehung der Kontrollbeteiligung vorlag[157]. Die Märkte werden eine erstmalige Konzertierung früher bemerken als die ermittelnde BaFin und dies womöglich zu Lasten außenstehender Aktionäre einpreisen. Hintergrund ist der Gedanke, dass der Markt auf

---

151 *Von Falkenhausen*, NZG 2007, 97.
152 *Kiem*, CFL 2011, 179.
153 M. w. N. *Schanz*, NZG 2007, 927; *Schwennicke* in: Geibel / Süßmann, § 33 Rn. 20 ff.; Süßmann, NZG 2011, 1281.
154 *Baums*, ZIP 2010, 2374, 2377; *Hitzer / Düchting*, ZIP 2011, 1084, 1087.
155 So auch *Baums*, ZIP 2010, 2374, 2377; *Hitzer / Düchting*, ZIP 2011, 1084, 1087.
156 Diese liegen empirischen Studien zufolge oftmals bei 10 % - 15 %, vgl. *Hitzer / Düchting*, ZIP 2011, 1084, 1086.
157 *Oechsler*, ZIP 2011, 449, 454.

die entstandene Außenseiterstellung der Aktionäre, die ggf. ungünstige Mehrheitsentscheidungen akzeptieren müssen, mit einem Kursverlust reagieren könnte. Ein Börsenwert übersieht nämlich den Umstand, dass mit zunehmender Beteiligungshöhe mögliche Synergieeffekte steigen und gibt nicht den durch einen Großaktionär realisierten Wert der Kontrolle wieder[158]. Somit könnte der Referenzpreis i. S. v. § 5 Abs. 1 WpÜG-AV, der am dreimonatigen Durchschnittskurs im Vorfeld der Angebotsveröffentlichung anknüpft, einen unangemessenen Desinvestitionswert reflektieren[159]. Auch der für das Gesellschaftsrecht zuständige zweite Zivilsenat hat zuletzt im Zusammenhang mit aktienrechtlichen Strukturmaßnahmen betont, dass der Börsenkurs den Preis widerspiegeln müsse, den ein Aktionär ohne die zur Entschädigung verpflichtende Intervention eines Großaktionärs erlöst hätte[160]. Der vom Gesetzgeber beabsichtigte Zweck hinsichtlich § 30 Abs. 2 WpÜG, die Durchsetzung des Minderheitenschutzes, scheint de lege lata gefährdet zu sein[161].

Gesetzgeberischer Handlungsbedarf besteht diesbezüglich auch ungeachtet des Inkrafttretens des AnsFuG zum 01. Februar 2012, wodurch der verdeckte Beteiligungsaufbau bei Übernahmen zwar erheblich erschwert wurde. Die §§ 21 ff. WpHG verfolgen allerdings Transparenzziele, während es bei den §§ 35, 30 WpÜG um Minderheitenschutz und Desinvestitionsmöglichkeiten geht (vgl. A.)[162]. Hierüber hinaus können Derivate bei Übernahmen mangels Zurechnung gerade dazu eingesetzt werden, trotz überschüssiger Beteiligung am wirtschaftlichen Risiko des Unternehmens den kontrollrelevanten Schwellenwert nach §§ 35, 29 Abs. 2 WpÜG nicht zu überschreiten[163]. Somit kann ein Pflichtangebot an außenstehende Aktionäre ggf. so lange hinausgezögert werden, bis sich ein

---

158 *Burger,* NZG 2012, 281, 289; m. w. N. *Großfeld,* Recht der Unternehmensbewertung, Rn. 818 ff., wonach die Abschläge bei rund 30 % liegen können.
159 *Oechsler,* ZIP 2011, 449, 452.
160 BGH NZG 2010, 939, 942 („Stollwerck").
161 Mit demselben Ergebnis: *Hamann,* ZIP 2007, 1088, 1089; *Oechsler,* ZIP 2011, 449; wohl **a. A.** *von Bülow* in: Mülbert / Kiem / Wittig, 10 Jahre WpÜG, 9, 34 f.
162 *Von Bülow* in: Mülbert / Kiem / Wittig, 10 Jahre WpÜG, 9, 21; *Harbarth,* ZIP 2002, 321 f.
163 *Seibt,* ZGR 2010, 795, 814.

günstiges Börsenkursniveau eingependelt hat[164]. De lege ferenda sollte ein funktionsfähiges Instrumentarium um die §§ 35, 30 WpÜG also in dem Zeitpunkt greifen, in dem ein Anleger wegen eines acting in concert eines Bieters und eines Dritten in eine Außenseiterstellung gedrängt wird. Diese Forderung ergibt sich auch deshalb, weil das WpÜG den Aktionären der Zielgesellschaft nach ständiger Rechtsprechung des OLG Frankfurt a. M. keinen Drittschutz zur Erzwingung des Einschreitens durch die BaFin gewährt[165].

II. Internationale Bestandsaufnahme

Im vorstehend beschriebenen Gesetzesentwurf problematisiert die SPD-Fraktion, dass „das Übernahmerecht fast aller europäischer Staaten Regelungen [enthält], mit denen die Aktionäre auch dann wirksam geschützt bleiben, wenn ein Erwerber 30 Prozent der Stimmrechte erworben hat und diese Beteiligung weiter erhöht“[166]. Auch Teile des kapitalmarktrechtlichen Schrifttums beschäftigen sich mit einer rechtsvergleichenden Umschau und leiten hieraus Lösungsmöglichkeiten de lege ferenda ab (vgl. aber zu methodischen Vorbehalten: A.)[167]. *Berger / Filgut* begründen dies u. a. damit, dass die Materie des Übernahmerechts infolge vernetzter Märkte zwangsläufig international angelegt sei[168]. Im Folgenden soll ein kurzer Überblick gegeben werden, wie andere Rechtsordnungen die in diesem Rahmen problematisierten Strategien des low-balling (vgl. B. I.) und des konzertierten Aktienerwerbs (vgl. B. II.) regeln, um eine erste Orientierung für nationale Lösungsvorschläge zu erhalten.

Vorab ist jedoch zu prüfen, ob die Übernahmerichtlinie diesbezüglich spezifische Vorgaben vorsieht[169]. Im Rahmen des Rechtsvergleichs soll alsdann dem Takeover Code in Großbritannien, welcher lange Zeit vor dem WpÜG in Kraft trat und

---

164 Vgl. dazu eingehend *Wackerbarth*, ZIP 2012, 253, der diese Thematik am Beispiel der Postbank Übernahme diskutiert.

165 OLG Frankfurt a. M. NZG 2012, 302; OLG Frankfurt a. M. ZIP 2003, 1297.

166 Vgl. Gesetzesentwurf der SPD-Fraktion, BT-Drucks. 17/3481, S. 1.

167 *Fleischer / Schmolke,* ZIP 2008, 1501, 1507 ff. (im Hinblick auf die Transparenz bei Options- und Swapgeschäften; *Merkt,* NZG 2011, 561; *Oechsler,* ZIP 2011, 449.

168 *Berger / Filgut,* AG 2004, 592, 601, die im Rahmen des § 30 Abs. 2 WpÜG eine rechtsvergleichende Auslegung anstellen.

169 *Merkt* in: Veil, Übernahmerecht in Praxis und Wissenschaft, 54, 65.

bei seinen Wertungen primär auf empirische Untersuchungen zurückgreift, ein besonderes Augenmerk gewidmet werden[170]. Er stellt das zentrale Regelungswerk für Übernahmeangebote dar und beeinflusste sowohl die Übernahmerichtlinie als auch den nationalen Gesetzgebungsprozess, insbesondere im Hinblick auf § 30 WpÜG[171]. Beim City Code handelt es sich allerdings nicht um ein Gesetz, sondern eher um einen Verhaltenskodex zur freiwilligen Selbstkontrolle[172]. Gleichwohl soll er zu einem funktionierenden Takeover-Markt beigetragen haben[173].

1. Gemeinschaftsrechtlicher Rahmen

Im Hinblick auf potenzielle gesetzgeberische Lösungsmöglichkeiten ist zunächst entscheidend, ob eine gemeinschaftsrechtliche Bestimmung einen Mindeststandard festlegt, der eine strengere nationale Vorschrift erlaubt oder einen Höchststandard vorsieht[174]. Die von der Übernahmerichtlinie beabsichtigten Maßnahmen sind dabei i. d. R. als Mindestmaßnahmen zu verstehen (vgl. Erwägungsgrund 25); Art. 4 Abs. 5 S. 2 lässt Abweichungen nur dann zu, soweit die in Art. 3 Abs. 1 festgelegten, allgemeinen Grundsätze eingehalten werden. Nur vereinzelt sieht die Richtlinie Maximalharmonisierungen vor[175]. Art. 5 Abs. 1 verpflichtet dabei Mitgliedsstaaten zum Schutz der Minderheitsaktionäre, Personen zur Abgabe eines Angebots zu verpflichten, soweit diese unmittelbar oder mittelbar (ggf. durch gemeinsam handelnde Personen) einen kontrollrelevanten Anteil erworben haben. Gemeinsam handelnde Personen werden als Personen definiert, die mit dem Bieter zusammenarbeiten, um die Kontrolle zu erhalten (vgl. B. II 1. d). Nach Art. 5 Abs. 3 ist die Definition des Kontrollbegriffs den Mitgliedsstaaten

---

170 Gesetzestext abrufbar unter: http://www.thetakeoverpanel.org.uk/wp-content/uploads/2008/11/code.pdf.

171 *Borges*, ZIP 2007, 357, 360.

172 *Zinser*, NZG 2000, 573, der in RIW 2001, 481, 487 resümiert, dass infolge weitreichender Sanktionsmechanismen von einer Regelung mit Gesetzeskraft gesprochen werden könne.

173 So jedenfalls *Zinser*, RIW 2001, 481.

174 *Mülbert*, NZG 2004, 633, 636; *Veil* in: FS K. Schmidt 2009, 1645, 1659 ff.

175 Z. B. hinsichtlich der Billigung von Angebotsunterlagen bei Angeboten in mehreren Staaten (Art. 6 Abs. 2), der Maximalfrist für die Abfindungsermittlung (Art. 5 Abs. 4) oder des maxi-

überlassen. Aus diesen Vorgaben ergeben sich somit keinerlei Beschränkungen hinsichtlich einer strengeren Pflichtangebotsregelung und Zurechnungsnorm. Aus dem neunten Erwägungsgrund, der davon spricht, dass ein Bieter allen Wertpapierinhabern der Zielgesellschaft ein Angebot zu einem einheitlich definierten Preis machen solle, leitet Merkt jedenfalls gesetzgeberischen Handlungsbedarf hinsichtlich des geschilderten low-balling ab[176].

Im Zusammenhang mit gemeinschaftsrechtlichen Erwägungen muss auch berücksichtigt werden, dass stärker regulierende Bestimmungen hinsichtlich §§ 35, 30 WpÜG grundsätzlich die unternehmerischen Aktivitäten des Bieters erschweren (vgl. C. I.). Daher könnten bei zusätzlichen Angebotsverpflichtungen ggf. die Grundfreiheiten eines Bieters, insbesondere die Kapitalverkehrsfreiheit, berührt sein. Zu der Vereinbarkeit eines stärker regulierten Übernahmerechts mit diesen Grundsätzen kann in diesem Rahmen keine Stellung bezogen werden. Stattdessen soll auf *Merkt* verwiesen werden, der u. a. betont, dass gegen entsprechende Regelungen in anderen Mitgliedsstaaten bislang keine konkreten Einwände erhoben wurden[177].

2. Low-balling aus internationaler Sicht

Eine in 2007 durchgeführte Studie der EU-Kommission zur Umsetzung der Übernahmerichtlinie hat ergeben, dass von 25 EU-Mitgliedsstaaten lediglich neun Staaten Vorkehrungen gegen das thematisierte low-balling implementiert haben[178]. In diesem Zusammenhang ist in den Rechtsordnungen dieser Länder eine zusätzliche Angebotsverpflichtung am verbreitesten, soweit zwischen der Kontroll- und der Mehrheitsschwelle innerhalb von zwölf Monaten nach Kontrollerwerb weitere Aktien hinzuerworben werden[179]. Einen außerordentlichen strengen

---

malen Schwellenwerts für das Ausschließungs- und Abfindungsrecht (Art. 15 Abs. 2), m. w. N.: *Mülbert,* NZG 2004, 633, 637.

[176] *Merkt,* NZG 2011, 561, 562.

[177] *Merkt,* NZG 2011, 561, 562.

[178] Commission Staff Working Document – Report on the implementation of the directive on takeover bids, annex 2, http://ec.europa.eu/internal_market/company/docs/takeoverbids/2007-02-report_en.pdf.

[179] So z. B. in Frankreich, Österreich, Italien.

Ansatz enthält Rule 9.1 des englischen City Code („when a mandatory offer is required and who is primarily responsible for making it"), was *von Falkenhausen* im Hinblick auf die fehlende nationale Regelung "nachdenklich" stimmt[180]. Nach Rule 9.1 (b) löst selbst der Erwerb einer einzelnen Aktie ab der 30 %-Schwelle ein erneutes Pflichtangebot aus; die zwölfmonatige Frist wurde 1998 abgeschafft[181]. Daneben sehen die Rechtsordnungen Österreichs, Frankreichs, Italiens, Griechenlands sowie Irlands vergleichbare Pflichtangebotsbestimmungen vor[182].

Der Befund im City Code könnte bei punktueller Betrachtung die geäußerte Befürchtung unterstreichen, dass das britische Übernahmerecht die Übernahme britischer Unternehmen durch deutsche Bieter erschwert, während sich das deutsche WpÜG im umgekehrten Fall vergleichsweise übernahmeoffen zeigt[183]. Allerdings dürfen Unterschiede zwischen der britischen und der deutschen Pflichtangebotsregelung nicht unberücksichtigt bleiben. Nach Rule 9.3 (a) haben Pflichtangebote im City Code eine Annahmeschwelle von 50 %, wodurch vor allem sichergestellt werden soll, dass nach Vollzug des Angebots auch die faktische Mehrheit auf den Bieter übergegangen ist[184]. Ferner kennt das britische Kapitalmarktrecht keine Nachbesserungsregel entsprechend § 31 Abs. 5 WpÜG[185]. Auch reichen im Vereinigten Königreicht aufgrund des typischen starken Streubesitzes am Kapitalmarkt i. d. R. bereits ca. 10 % um eine Gesellschaft kontrollieren zu können[186]. Insofern hat das Pflichtangebot in Großbritannien nur eine geringe praktische Bedeutung. Dies ist auch durch eine andere Übernahmekultur gekennzeichnet, in welcher feindliche Übernahmen die Aus-

---

[180] *Von Falkenhausen*, ZHR 2010, 293, 301; wohl auch *Zinser*, RIW 2001, 481, 484.
[181] *Merkt*, NZG 2011, 561, 564.
[182] M. w. N. *Merkt*, NZG 2011, 561, 564
[183] Vgl. *Baums*, ZIP 2010, 2374, 2381, der dies aber verneint.
[184] M. w. N. *von Bülow* in: Mülbert, Kiem, Wittig, 10 Jahre WpÜG, 9, 39 sowie *Zinser*, NZG 2000, 573.
[185] *Von Falkenhausen*, ZHR 2010, 293, 301.
[186] *Merkt*, NZG 2011, 561, 567.

nahme und eine vorherige Absprache mit den Mitgliederversammlungen die Regel darstellen (sog. „white wash“)[187].

3. Acting in Concert im City Code on Takeovers and Mergers und anderen Rechtsordnungen

Nach Code 9.1 (b) des City Code sind zur Beantwortung der Frage, ob ein Pflichtangebot abzugeben ist, auch jene Stimmrechte aus Aktien zu berücksichtigen, die von „persons acting in concert“ gehalten werden. Nach Section C1 handelt es sich um ein acting in concert bei Personen, die auf der Grundlage einer Vereinbarung oder sonstiger Abstimmung (gleich ob formalisiert oder nicht) darin aktiv zusammenwirken, im Wege des Aktienerwerbs durch einen der Beteiligten Kontrolle zu erlangen oder zu konsolidieren. Infolgedessen setzen das Pflichtangebot und der Tatbestand des acting in concert primär beim Erwerb von Anteilen an[188]. Insgesamt wird der Begriff des acting in concert sehr weit verstanden[189]. Bemerkenswert ist in diesem Zusammenhang die Beweisführung des entscheidungsbefugten Panel. Ein acting in concert soll nahe liegen, soweit ein Bieter im Rahmen eines Paketkaufs eine Beteiligung dicht unterhalb der 30 %-Grenze erwirbt[190]. Bei der Beurteilung der Frage, ob eine kritische Konzertierungsabsicht und mithin eine Obliegenheit zur Abgabe eines Angebots vorliegt, greift das Panel auf Indizien zurück („a judgement on whether such significant degree of control exists will obviously depend on the circumstances of each individual case“)[191].

Neben dem City Code sehen – soweit ersichtlich – auch die Rechtsordnungen der Schweiz, Österreichs und Frankreichs ausführliche Vorkehrungen im Falle eines

---

[187] *Schlitt / Ries* in: MünchKommAktG, § 35 Rn. 29; *Zinser*, RIW 2001, 481, 484 und NZG 2000, 573, 574.

[188] M. w. N. *Borges*, ZIP 2007, 357, 361 und *Löhdefink*, Acting in Concert und Kontrolle im Übernahmerecht, S. 29 ff.

[189] *Berger / Filgut*, AG 2004, 592, 602; *Löhdefink*, Acting in Concert und Kontrolle im Übernahmerecht, S. 229 f.

[190] Note 6 zu Rule 9.1.

[191] Note 6 zu Rule 9.1.

abgestimmten Verhaltens vor[192]. Gem. Art. 32 des schweizerischen Bundesgesetzes über Börsen und den Effektenhandel (BEHG)[193] führt ein Handeln in gemeinsamer Absprache mit Dritten zu einer Zurechnung von Stimmrechten. Die Verordnung der eidgenössischen Bankenaufsicht (EBK) legt diesbezüglich fest, dass eine gemeinsame Absprache vor allem bei der Abstimmung über die Stimmrechtsausübung vorliegt. Dagegen geht das österreichische Übernahmegesetz (ÜbG[194]) von einem abgestimmten Verhalten aus, wenn Personen zusammenarbeiten, um durch Koordination der Stimmrechte die Kontrolle zu erlangen. Für die Bestimmung des Vorliegens einer kontrollierenden Beteiligung sehen die Verordnungen der zuständigen Übernahmekommission widerlegliche Vermutungen vor[195]. Auch Art. L233-10 des französischen Handelsgesetzbuches[196] („code de commerce") geht von einem eher weiten Begriffsverständnis einer „l'action de concert" aus, das hiernach vorliegt, wenn eine auf den Erwerb von Stimmrechtsaktien gerichtete Vereinbarung oder eine Vereinbarung zur Umsetzung einer gemeinsamen Strategie vorliegt[197].

Im Ergebnis wird in den Übernahmenormen anderer Mitgliedsstaaten von einem weiteren Anwendungsbereich des acting in concert im Vergleich zum nationalen WpÜG ausgegangen. Meist wird der abgestimmte Parallelerwerb berücksichtigt. Nach hier vertretener Auffassung sollten jedenfalls die allzu detaillierten Regelungen hinsichtlich des abgestimmten Parallelerwerbs und die erleichterten Anforderungen an die Beweisführung im City Code Anlass zum Nachdenken geben.

---

[192] M. w. N. *Berger / Filgut,* AG 2004, 592, 601 ff.
[193] Gesetzestext abrufbar unter: http://www.admin.ch/ch/d/sr/9/954.1.de.pdf.
[194] Gesetzestext abrufbar unter: http://www.jusline.at/Uebernahmegesetz_(UebG).html.
[195] *Zinser,* NZG 2000, 573, 576.
[196] Gesetzestext abrufbar unter: http://www.legifrance.gouv.fr/affichCodeArticle.do;jsessionid=F06EB1A37A9E4819A3ABAE02CE098478.tpdjo05v_3?cidTexte=LEGITEXT000005634379&idArticle=LEGIARTI000006229211&dateTexte=20120705&categorieLien=cid#LEGIARTI000006229211.
[197] M. w. N. *Berger / Filgut,* AG 2004, 592, 603 sowie *Klein / Stucki,* RIW 2001, 488, 490.

III. Reformvorschläge und Lösungsmöglichkeiten

Ausgehend von den Ergebnissen des internationalen Vergleichs sind nachstehend die in der Politik und der Lehre vorgeschlagenen Regelungskonzepte im Hinblick auf §§ 35, 30 WpÜG auf ihre Zweck- und Rechtmäßigkeit zu untersuchen. Im Anschluss sollen eigene rechtspolitische Empfehlungen gegeben werden, um dem Anlegerschutz ausreichend Rechnung zu tragen.

1. Einführung einer low-balling Vorschrift?

Für die verstärkte Regulierung von low-balling Angeboten im WpÜG werden im Wesentlichen drei Ansätze in der Lehre zur Debatte gestellt[198]. Dies sind – analog zum diskutierten Gesetzesentwurf und zu den low-balling Regelungen in anderen Mitgliedsstaaten – eine erneute Angebotsverpflichtung für den Hinzuerwerb von Aktien nach Kontrollerwerb[199], die Einführung einer Mindestannahmeschwelle von 50 %[200] oder sog. „opting up" Regelungen[201], wodurch in der Satzung einer Gesellschaft eine individuelle Kontrollschwelle bestimmt werden kann.

a) Angebotsverpflichtung beim Hinzuerwerb weiterer Aktien

Nach der Vorstellung der SPD-Fraktion sollte § 35 WpÜG um einen Absatz 4 ergänzt werden, wonach die Verpflichtung zur Veröffentlichung und Abgabe eines Pflichtangebots entsprechend für einen Bieter gelten soll, der unmittelbar oder mittelbar mindestens 30 %, aber nicht die Mehrheit der Stimmrechte an der Zielgesellschaft hält und der innerhalb eines Zeitraums von zwölf Monaten mindestens 2 % der Stimmrechte an der Zielgesellschaft direkt oder indirekt

---

[198] Zum Überblick zur aktuellen Diskussion: *Seibt,* ZIP 2012, 1, 3 ff; vgl. auch: *Schumacher,* Interview mit Schneider, „Lücken im Übernahmerecht – Fälle wie Hochtief werden wir häufiger erleben", http://www.wiwo.de/unternehmen/luecken-im-uebernahmerecht-faelle-wie-hochtief-werden-wir-haeufiger-erleben/5145358.html.

[199] So *Merkt* in: Veil: Übernahmerecht in Wissenschaft und Praxis, 53, 74; vorsichtiger allerdings im später verfassten Aufsatz, NZG 2011, 561.

[200] U. a. *von Bülow* in: Mülbert, Kiem, Wittig, WpÜG, 9, 39.

[201] Statt vieler *Seibt,* ZIP 2012,1, 7.

hinzuerwirbt[202]. Für diese Regelung spricht zunächst, dass Anleger, die in der Zielgesellschaft investiert bleiben, bei weiteren Erwerben nach Überschreitung der Kontrollschwelle an Prämien partiziperen. Schon im Vorfeld der Hochtief-Übernahme und der anschließenden rechtspolitischen Diskussion, sprach sich *Merkt* für eine solche Regelung aus[203]. Nach seiner Auffassung flankiere insbesondere der internationale Befund die Einführung einer low-balling Vorschrift[204]. Dies spiegelt auch das Ergebnis der von der Anwaltssozietät Freshfields Bruckhaus Deringer LLP durchgeführten Umfrage wider, wonach eine klare Mehrheit diesen Regelungsvorschlag befürwortet[205]. Das Meinungsbild bei den Rechtsberatern und in der Wissenschaft ist allerdings gespalten zu der Frage, ob eine solche Regelung den Aktionärsschutz sicherstellen und dabei praktikabel sein kann (55 % bzw. 50 % Ablehnung). So vermutet *Baums*, dass die vorgeschlagene Regelung vornehmlich den Effekt haben wird, dass ein Bieter entweder direkt eine Beteiligung von über 50 % erwirbt oder bei 30 % stehenbleibt[206]. Auch die Argumentation von *Merkt*, der sich auf die rechtsvergleichende Umschau beruft, vermag nicht zu überzeugen (vgl. C. II. 2.). So führt z. B. die strenge Regulierung in Großbritannien lediglich dazu, dass vielfach Beteiligungen unterhalb der Kontrollgrenze gehalten werden und bei einer Beteiligung zwischen 30 % und 50 % intensiv auf eine etwaige Stimmrechtszurechnung geachtet wird[207]. Nach hier vertretener Ansicht ist gegen eine zusätzliche Angebotsverpflichtung allerdings primär anzuführen, dass Pflichtangebote einen enormen Finanzierungs- und Verfahrensaufwand verursachen und somit erheblich in den Übernahmemarkt und die Freiheit eines Bieters eingreifen[208]. Das Pflichtangebot war schon bei seiner Einführung stark umstritten; *Letzel* bezeichnete es als eine „in Deutschland

[202] Vgl. Gesetzesentwurf der SPD-Fraktion, BT-Drucks. 17/3481.
[203] *Merkt* in: Veil, Übernahmerecht und Wissenschaft und Praxis, 53, 74.
[204] *Merkt* in: Veil, Übernahmerecht und Wissenschaft und Praxis, 53, 74; so auch *Hirte*, Stellungnahme zur Änderung des WpÜG, http://www.kapitalmarktrecht-im-internet.eu/de/Rechtsgebiete/Kapitalmarktrecht/Artikelgesetze/197/Anlegerschutz-_und_Funktionsverbesserungsgesetz_(AnsFuG).htm.
[205] *Seibt*, ZIP 2012, 1, 7.
[206] *Baums*, ZIP 2010, 2374, 2377; so auch: *Cascante / Tyrolt*, AG 2012, 97, 105.
[207] *Baums*, ZIP 2010, 2374, 2379.
[208] So auch *Hitzer / Düchting*, ZIP 2011, 1084, 1086; *von Falkenhausen*, NZG 2010, 1213.

bislang beispiellose Beeinträchtigung des Grundsatzes der Privatautonomie“[209]. Insofern könnte eine derartige Verschärfung der Pflichtangebotsregelung ökonomisch sinnvolle Übernahmen u. U. sogar verhindern[210]. Gegen eine zusätzliche Angebotspflicht spricht nach dieser Auffassung auch, dass das Konzernrecht ohnehin nach § 305 AktG ein zwingendes Abfindungsangebot an außenstehende Aktionäre vorsieht, sofern der Großaktionär ein Weisungsrecht in Form eines Beherrschungsvertrags nach den §§ 291 ff. AktG erlangt[211]. Auch wenn die von der SPD-Fraktion beabsichtigte Neuregelung dem Anlegerschutz durchaus gerecht werden könnte, ist sie aufgrund einer zu befürchtenden Beeinträchtigung von Investoreninteressen im Ergebnis abzulehnen.

b) Mindestannahmeschwellen bei Übernahme- und Pflichtangeboten

In Anlehnung an das Reglungskonzept des City Code beschäftigt sich die Lehre mit verbindlichen Mindestannahmeschwellen bei Übernahme- und Pflichtangeboten (vgl. C. II. 1.)[212]. Unter einer Mindesterwerbsschwelle ist dabei eine Bedingung zu verstehen, auf Grund derer ein Übernahmeangebot und die mit den Wertpapierinhabern abgeschlossenen Verträge nur dann wirksam werden, wenn der Bieter infolge der Zahl der Angebotsannahmen einen bestimmten Stimmrechtsanteil – hier 50 % – erlangt[213]. Dies hätte zur Folge, dass ein Bieter direkt die faktische Kontrolle an einer Zielgesellschaft erwirbt. Um die erforderliche Mindestannahmeschwelle zu erreichen, wäre der Bieter gezwungen, das Angebot mit einer attraktiven Übernahmeprämie auszustatten, so dass diese Regelung low-balling Strategien effektiv entgegenwirken könnte[214]. *Schneider* bezeichnet es daher als gesetzgeberisches Versäumnis, dass bei der Einführung des WpÜG

---

209 *Letzel,* BKR 2002, 293; zur Darstellung der damaligen Rechtsdiskussion, *von Falkenhausen,* ZHR 2010, 293, 295 ff.

210 *Hitzer / Düchting,* ZIP 2011, 1084, 1086

211 So auch *Baums,* ZIP 2010, 2374, 2389.

212 U. a. *von Bülow* in: Mülbert / Kiem / Wittig, 10 Jahre WpÜG, 9, 39; vgl. dazu auch *Zinser,* RIW 2001, 481, 483.

213 *Santelmann,* AG 2002, 497.

214 *Von Bülow* in: Mülbert, Kiem, Wittig, 10 Jahre WpÜG, 9, 39; dazu auch *Zinser,* NZG 2000, 573, 574.

keine Mindesterwerbsschwellen implementiert wurden[215]. Vor diesem Hintergrund weist *von Bülow* allerdings überzeugend darauf hin, dass es insofern „inkonsequent“ wäre, denjenigen zu sanktionieren, der zwar die Kontrolle i. S. v. § 29 Abs. 2 WpÜG, aber keine Mehrheitsbeteiligung an einer Zielgesellschaft halte[216]. Gegen das Konzept einer Mindestangebotsschwelle i. H. v. 50 % könnte weiter sprechen, dass sie ggf. über Schutzzweck des WpÜG hinausgeht. Eine notwendige Mindesterwerbsschwelle von 50 % würde nämlich gleichzeitig bedeuten, dass Übernahmen nur dann stattfinden könnten, wenn mindestens die Hälfte aller Aktionäre dem Angebot zustimmt. Der Gesetzgeber geht aber gem. § 29 Abs. 2 WpÜG von einem formalen Kontrollverständnis i. H. v. 30 % der Stimmrechte aus, so dass er durchschnittliche Hauptversammlungspräsenzen von max. 60 % annimmt[217]. In absoluten Zahlen betrachtet, würde eine Mindestannahmeschwelle von 50 % der vertretenen Stimmrechte also eine weitaus höhere Zustimmung voraussetzen, als dies bei einer Abstimmung durch die Hauptversammlung der Fall wäre[218]. Nach den vorstehenden Erwägungen würde folglich auch dieser Reformvorschlag eine unangemessene Hürde für Investoren darstellen, die auch nicht mit der ratio legis des § 29 Abs. 2 WpÜG vereinbar ist.

c) Individuelle Kontrollschwellen durch Satzungsautonomie („opting up“)

Eine weitere Lösung de lege ferenda wird in der Möglichkeit gesehen, satzungsmäßig einen höheren Kontrollschwellenwert festzulegen (sog. „opting up“) oder die Angebotspflicht gänzlich abzubedingen (sog. „opting out“). In der zitierten Freshfields-Umfrage hat sich allerdings eine deutliche Mehrheit gegen individuelle Kontrollschwellen ausgesprochen[219]. Dagegen wird in der Kommentarliteratur teilweise bedauert, dass der Gesetzgeber bei Einführung des WpÜG kein opting

---

[215] *Schneider,* AG 2002, 125, 126.
[216] *Von Bülow* in: Mülbert / Kiem / Wittig, 10 Jahre WpÜG, 9, 39.
[217] Vgl. *Cahn* in: Mülbert / Kiem / Wittig, 10 Jahre WpÜG, 78, 82.
[218] *Santelmann,* AG 2002, 497, 501.
[219] *Seibt,* ZIP 2012, 1, 7.

up in den § 29 WpÜG integriert hat[220]. So zeigt *Zinser* mit guten Gründen auf, dass eine Abänderung des Kontrollschwellenwertes in den Statuten einer Gesellschaft eine flexible Handhabung gewährleistet, die die individuelle Unternehmenssituation berücksichtigt[221]. Insbesondere bei kleineren Unternehmen sei dies angebracht[222].

Das internationale Regelungsvorbild ist das Übernahmerecht der Schweiz, das ein satzungsmäßiges Anheben des Schwellenwerts für ein Pflichtangebot von 33,3 % auf 49 % erlaubt[223]. Die entsprechende Anhebung des Grenzwertes hat dann vor der Börsennotierung zu erfolgen[224]. Diese Regelung hat allerdings in der Schweizer Kommentarliteratur zu der strittigen Frage geführt, ob einem übernahmewilligen Aktionär ein Anfechtungsrecht zusteht, wenn er sich nach beschlossenem opting up einer erhöhten Kontrollschwelle gegenübersieht[225]. Im Umkehrschluss könnte sich auch ein Problem ergeben, wenn ein Aktionär die pflichtbegründende Kontrollschwelle lediglich infolge eines opting down überschreitet[226]. Nach Auffassung von *Baums* sollte Gesellschaften mit solchen Satzungsklauseln ferner die Zulassung zum amtlichen Handeln verweigert werden können[227]. Zusammenfassend würde sich eine Einführung dieser „bemerkenswert liberalen Regelung“[228] in das deutsche Recht nur unter der Bedingung empfehlen, dass eine Lösung für Beschlussmängel und eingesetzte Anfechtungsklagen gefunden wird.

d) Empfehlung

Die vorstehenden Erwägungen haben gezeigt, dass die in der Politik und Lehre generierten Lösungsvorschläge entweder aus Zweckmäßigkeitserwägungen nicht in Betracht kommen, unangemessen teuer bzw. zeitlich aufwendig erscheinen

---

[220] *Hommelhoff / Witt* in: Haarmann / Schüppen, Vor §§ 35 bis 39 Rn. 29; *Zinser,* NZG 2001, 391, 396.
[221] *Zinser,* NZG 2001, 391, 396 sowie NZG 2000, 573, 575.
[222] *Zinser,* NZG 2001, 391, 396 sowie NZG 2000, 573, 577.
[223] M. w. N. *Schlitt / Ries,* MünchKommAktG, § 35 Rn. 43; *Zinser,* NZG 2000, 573, 575.
[224] *Zinser,* NZG 2000, 573, 575.
[225] M. w. N. *Merkt,* NZG 2011, 561, 565.
[226] M. w. N. *Merkt,* NZG 2011, 561, 565.
[227] *Baums* in: Rosen / Seifert, Die Übernahme börsennotierter Unternehmen, 170.
[228] So *Merkt,* NZG 2011, 561, 565; wohl auch *Zinser,* NZG 2000, 573, 575.

oder mit Rechtsunsicherheit behaftet sind[229]. Eine große übernahmerechtliche Reform scheidet also nach hier vertretener Auffassung aus. Stattdessen soll nachstehend eine Lösung der low-balling Problematik im System der Beteiligungstransparenz der §§ 21 ff. WpHG gefunden werden.

aa) Erweiterung der Beteiligungstransparenz

Die Vorschriften der Beteiligungstransparanz der §§ 21 ff. WpHG wollen eine Information des Marktes über die Kontrollstrukturen börsennotierter Gesellschaften erreichen[230]. Nach derzeit geltendem Recht sind gem. § 21 Abs. 1 S. 1 WpHG die Schwellenwerte 3 %, 5 %, 10 %, 15 %, 20 %, 25 %, 30 %, 50 % und 75 % der Stimmrechtsanteile mitteilungspflichtig. Mit der Einführung dieser Meldeschwellen wollte der Gesetzgeber dabei dem Umstand Rechnung tragen, dass sie im Hinblick auf die bei deutschen Aktiengesellschaften geltenden Mehrheitserfordernisse – wie bei § 179 Abs. 2 AktG – von Relevanz sind[231]. Seit Einführung des WpHG wird in der kapitalmarktrechtlichen Lehre gezweifelt, ob auf Grundlage der geltenden Meldefristen der Normzweck der §§ 21 ff. WpHG überhaupt erreicht werden könne[232]. In diesem Zusammenhang problematisiert *Schneider*, dass in Anbetracht sinkender Hauptversammlungspräsenzen ein Kontrollerwerb oder der Erwerb von Sperrminoritäten oftmals erst im publizitätsfernen Raum stattfinde[233].

Nach geltendem Recht bestehen also in der neuralgischen Phase nach Überschreitung der Kontrollmehrheit i. S. v. § 29 Abs. 2 WpÜG keine Offenlegungspflichten, so dass der Bieter weitere Zukäufe ohne Regulierungszwang tätigen kann. Die Ausführungen unter B. I. 1. haben gezeigt, dass dies ggf. das kapitalmarktrechtliche Gleichbehandlungsgebot berührt. Insofern werden der Markt und die Anleger nicht unmittelbar über den aktuellen Stand des Beteiligungsbesitzes

[229] So auch *Baums*, ZIP 2010, 2374, 2377.
[230] *Hirte* in: KölnKommWpHG, § 21 Rn. 3; *Schwark* in: Schwark / Zimmer, § 21 Rn. 1.
[231] *Hirte* in: KölnKommWpHG, § 21 Rn.25.
[232] *Hirte* in: KölnKommWpHG, § 21 Rn. 3; *Hitzer / Düchting*, ZIP 2011, 1084; *Schwark* in: Schwark / Zimmer, § 21 Rn. 11 ff.
[233] *Schneider* in: Assmann / Schneider, WpHG, § 21 Rn. 15.

informiert[234]. Sprechen daher nicht gute Gründe dafür, die Lösung in einem ausdifferenzierteren System der Mitteilungspflichten nach den §§ 21 ff. WpHG zu suchen[235]? Lediglich aus gesetzessystematischer Sicht ließe sich einwenden, dass Umgehungsmöglichkeiten der Pflichtangebotsregelung im WpHG und nicht im WpÜG geregelt werden würden. Eine Erweiterung der Meldepflichten ließe sich aber ohne große Probleme in das Regelungsgefüge der §§ 21 ff. WpHG integrieren[236]. Sofern dann bei Überschreitung der kontrollrelevanten Grenze Paketkäufe einer Offenlegung unterliegen, würde den Märkten frühzeitig Gelegenheit gegeben, die Übernahmesituation und etwaige, damit verbundende Strukturmaßnahmen einzupreisen. Von dem Bieter im Rahmen von Pakettransaktionen gezahlte Übernahmeprämien könnten ggf. berücksichtigt werden[237]. Der identifizierten Nachweisproblematik der Nachbesserungsregel des § 31 Abs. 5 WpÜG (vgl. B. I. 1. a) könnte effektiv begegnet werden, soweit große Nacherwerbstransaktionen zur Erlangung einer Stimmrechtsmehrheit der Beteiligungstransparenz unterlägen.

Das mit einer Erweiterung von Angebotsverpflichtungen verbundene Risiko, die Verhinderung von ggf. ökonomisch sinnvollen Übernahmen, würde bei diesem Regelungsvorschlag ebenfalls nicht bestehen. *Fleischer* weist in diesem Zusammenhang zwar darauf hin, dass die Identifikation von unterbewerteten Unternehmen infolge effizienter Preise erschwert werden könnte[238]. Diesem kann jedoch entgegnet werden, dass im Interesse eines effizienten Kapitalmarkts Informationsasymmetrien abgebaut werden[239]. Freilich kann auch gegen erweiterte Meldepflichten geltend gemacht werden, dass sie zusätzliche Kosten für die Melde-

[234] *Baums,* ZIP 2010, 2374, 2377.

[235] Dazu eingehend *Hitzer / Düchting,* ZIP 2011, 1084; auch befürwortend *Baums,* ZIP 2010, 2374, 2387 f.

[236] *Cascante / Tyrolt,* AG 2012, 97, 105.

[237] Eingehend *Weber,* ZGR 2004, 280.

[238] *Fleischer*, ZGR 2008, 185, 205; *Fleischer / Schmolke,* NZG 2009, 401, 404; *Fleischer / Schmolke,* NZG 2010, 846, 853.

[239] *Fleischer / Schmolke,* NZG 2010, 846, 852.

pflichtigen – sog. Compliance-Kosten – verursach[240]. Gegenüber etwaigen Mehrkosten, die durch erweiterte Angebotsverpflichtungen entstünden, erscheint dieser Aufwand aber vergleichsweise gering. Für einen Ausbau der Offenlegungspflichten spricht letztlich auch das in diesem Kontext gern gebrauchte Argument des internationalen Befunds. Die ausdifferenzierteste Beteiligungstransparenz findet sich dabei im anglo-amerikanischen Rechtssystem. So sehen die britischen Disclosure and Transparency Rules[241] Offenlegungspflichten bei Überschreitung jedes vollen Prozentpunktes oberhalb von 3 % vor[242]. Ein ähnliches Bild ergibt sich in Section 13 d) des US-amerikanischen Securities Exchange Act[243], der von einer Eingangsschwelle von 5 % ausgeht. Des Weiteren kennen auch die Rechtsordnungen Österreichs, Belgiens, Bulgariens, Spaniens und Italiens Meldepflichten zwischen der Schwelle von 30% und 50%[244].

bb) Ausgestaltung der Mitteilungsschwellen

Eine Befürwortung des Ausbaus der Beteiligungstransparenz führt zu der Frage, wie die Mitteilungsschwellen de lege ferenda auszugestalten sind. Die Transparenzrichtlinie 2004 / 109 / EG vom 15. Dezember 2004 sieht in Art. 9 Abs. 1 in diesem Zusammenhang Mitteilungspflichten bei 5 %, 10 %, 15 %, 20 %, 25 %, 30 %, 50 % oder 75 % vor. Gem. Art. 3 Abs. 1 kann das Herkunftsland jedoch strengere Anforderungen bestimmen. Angesichts der Kritik, die seit jeher an der Zahl der Meldeschwellen geübt wird, kursieren zu erweiterten Mitteilungspflichten zahlreiche Regelungsvorschläge im Schrifttum[245]. Zusammenfassend lassen sich zwei Ansätze unterscheiden. In Anlehnung an das Regelungskonzept in Großbritannien spricht sich eine Meinung für eine Verdichtung der Beteiligungstransparenz auf jeden erreichten Prozentpunkt aus[246]. Die wohl überwiegende Meinung plädiert für 5%-Intervalle in dem Bereich zwischen der Kontroll- und

---

240 *Fleischer / Schmolke,* NZG 2009, 401, 404, vgl. allgemein zu mit Mitteilungspflichten verbundenen Kosten, *Brandt*, BKR 2008, 441.
241 Gesetzestext abrufbar unter: http://fsahandbook.info/FSA/html/handbook/DTR.
242 Dazu m. w. N. *Fleischer / Schmolke,* NZG 2009, 401, 404.
243 Gesetzestext abrufbar unter: http://www.sec.gov/about/laws/sea34.pdf.
244 M. w. N. *Fleischer / Schmolke,* NZG 2009, 401, 404; *Hitzer / Düchting,* ZIP 2011, 1084, 1088.
245 Zur Meinungsübersicht *Hirte* in: KölnKommWpHG, § 22 Rn. 44.
246 So z. B. *Burgard,* AG 1992, 41.

der Mehrheitsschwelle[247]. Für die letztere Auffassung sprechen die besseren Gründe. Zwar würde eine zu den britischen Disclosure and Transparency Rules analoge Regelung eine größtmögliche Offenlegung bieten. Allerdings dürfen die hiermit in Zusammenhang stehenden Compliance-Kosten nicht unberücksichtigt bleiben[248]. Infolge der Schnelligkeit, mit der Beteiligungsveränderungen stattfinden, kann der Stimmrechtsanteil regelmäßig schwanken, ohne dass dies für den kontrollierenden Aktionär vorhersehbar ist[249]. Vor dem Hintergrund, dass bei einem Verstoß gegen die Mitteilungspflichten gem. § 28 WpHG ein Rechtsverlust aus Aktien droht, erscheint eine Übertragung des britischen Ansatzes in das nationale WpHG als unangemessen. Sachgerecht dagegen wäre ein Ausbau der Beteiligungstransparenz in 5%-Intervallen, um der nach der Kontrollerlangung existierenden Informationsasymmetrie und einem drohenden Marktversagen ausreichend zu begegnen[250].

2. Beweiserleichterung im Hinblick auf § 30 Abs. 2 WpÜG

Die Verwirklichung des Tatbestands des § 30 Abs. 2 WpÜG begegnet in der Praxis erheblicher Rechtsunsicherheit (vgl. B. II.). Auch wenn die teleologische und richtlinienkonforme Auslegung ergeben hat, dass ein abgestimmter Aktienerwerb wohl von § 30 Abs. 2 WpÜG erfasst wird, sollte der Gesetzgeber dieses Ergebnis bestätigen und damit die andauernden Diskussionen in der Rechtsprechung und Lehre beenden. Infolge der damit verbundenen und immer wieder kritisierten Nachweisproblematik verwundert es, dass – soweit ersichtlich – Lösungsmöglichkeiten nur sehr sparsam geliefert werden. Einzig *Fleischer* und *Spindler* empfehlen de lege ferenda die Einführung widerleglicher Vermutungen, um die Beweisprobleme zu „entschärfen“ – konkrete Regelungsbeispiele werden allerdings nicht genannt[251]. Dieser Gedanke deckt sich jedenfalls mit dem

---

[247] U. a. *Schneider* in: Assmann / Schneider, WpHG, § 21 Rn.15 oder *Witt*, AG 1998, 171, 175.

[248] *Hitzer / Düchting*, ZIP 2011, 1084, 1090.

[249] *Hirte* in: KölnKommWpÜG, § 21 Rn. 3.

[250] M. w. N. *Hitzer / Düchting*, ZIP 2011, 1084, 1090, die einen Ausbau in 5%-Schritten sogar als systemimmanent betrachten.

[251] *Fleischer*, ZGR 2008, 185, 203; *Spindler*, WM 2007, 2357, 2400; nach Ansicht des LG Köln sollen auch de lege lata „gewisse Beweiserleichterungen zuzulassen“ sein, LG Köln AG 2008, 328.

identifizierten Befund im britischen City Code (vgl. C. II. 3.). Im Hinblick auf die Parallelvorschrift des § 22 WpHG meint *Schneider*, dass bei einer Ablehnung jeglicher Form von Beweiserleichterungen die Norm ihrer Funktion beraubt werde und empfiehlt eine Gesamtwürdigung der Indizien des Einzelfalls[252]. Die nachstehenden Überlegungen de lege ferenda sollen sich daher mit möglichen Formen der Beweiserleichterung im Bereich des § 30 Abs. 2 WpÜG beschäftigen, um das angesprochene „Kardinalproblem" lösen[253].

a) Analogieverbot und Auswirkungen auf die Beweisführung

Die Frage, ob eine Stimmenzurechnung wegen § 30 Abs. 2 WpÜG zu erfolgen hat, kann grundsätzlich in verschiedenen Rechtsgebieten – dem Strafrecht, dem Verwaltungsrecht oder Zivilrecht – und mithin in verschiedenen Verfahren relevant werden. Für Verfahren betreffend Ordnungswidrigkeiten i. S. v. § 60 WpÜG findet gem. § 71 Abs. 1 OWiG die StPO Anwendung. Hier gilt der Amtsermittlungsgrundsatz. Das Gericht muss gem. § 261 StPO voll überzeugt sein, dass der Bieter ordnungswidrig gehandelt hat. Für eine Stimmrechtsüberschreitung gem. § 30 Abs. 2 WpÜG müssten mithin sämtliche Voraussetzungen dieser Zurechnungsnorm (vgl. B. II. 1.) nachgewiesen werden[254]. Der Nachweis eines abgestimmten Verhaltens mit Hilfe von Vermutungsregelungen, Beweisen des ersten Anscheins oder einer Beweislastumkehr ist unzulässig[255]. Für verwaltungsrechtliche Eingriffe infolge eines abgestimmten Verhaltens finden die Vorschriften über das Verwaltungsverfahren und des Verwaltungsgerichtsgesetzes Anwendung[256]. Hier gilt ebenfalls gem. § 86 Abs. 1 VwGO der Amtsermittlungsgrundsatz bzw. gem. § 108 Abs. 1 S. 1 VwGO der Grundsatz der freien Beweiswürdigung[257].

---

[252] *Schneider* in: Assmann / Schneider, WpHG, § 22 Rn. 160.
[253] *Hammen*, Der Konzern 2009, 18, 21.
[254] *Liebscher*, ZIP 2002, 1005, 1008 f.; m. w. N. *Löhdefink*, Acting in Concert und Kontrolle im Übernahmerecht, 184 ff.
[255] *Liebscher*, ZIP 2002, 1005, 1008 f.; *Pentz*, ZIP 2003, 1478, 1481.
[256] *Noack* in: Schwark / Zimmer, § 58 Rn.2; m. w. N.: *Löhdefink*, Acting in Concert und Kontrolle im Übernahmerecht, S. 188 ff.
[257] Vgl. zu hier nicht thematisierten, verfahrensrechtlichen Unterschieden: *Löhdefink*, Acting in Concert und Kontrolle im Übernahmerecht, S. 190.

Der Kontrollerwerb durch Stimmrechtszurechnung hat darüber hinaus zivilrechtliche Konsequenzen, die z. B. in einer Verzinsungspflicht gem. § 38 WpÜG, in einem Rechtsverlust i. S. v. § 59 WpÜG oder eben in der fristgemäßen Abgabe eines Pflichtangebots bestehen können (vgl. A.). In den Verfahren gelten die allgemeinen zivilverfahrensrechtlichen Grundsätze der ZPO[258]. Abweichend zu den ordnungswidrigkeits- und den verwaltungsrechtlichen Verfahren gilt der Beibringungsgrundsatz, das Verfahren unterliegt der Herrschaft der Parteien[259]. Derjenige, der sich auf die zivilrechtlichen Sanktionen beruft und hieraus ihm günstige Rechtsfolgen herleitet, ist darlegungs- und beweisbelastet[260]. In seiner richtungsweisen WMF-Entscheidung (vgl. dazu: B. II. 1. d) hat der BGH dazu festgelegt, dass wegen der Bußgeldvorschrift des § 60 WpÜG i. V. m. Art. 103 Abs. 2 GG eine Analogie zu Lasten des Betroffenen im Zusammenhang mit dem Tatbestand des acting in concert nach § 30 Abs. 2 WpÜG ausgeschlossen ist[261]. Das aus Art. 103 Abs. 2 GG resultierende Bestimmtheitserfordernis gilt über § 3 OWiG auch für Ordnungswidrigkeiten. Die überwiegende Auffassung in der Lehre ist dem BGH gefolgt und überträgt diese Grundsätze auf die Art der Beweisführung[262]. Somit sei de lege lata für etwaige Beweiserleichterungen auch dann kein Raum gegeben, wenn es um die zivilrechtlichen Sanktionen des Kontrollerwerbs geht[263]. So scheidet nach dem Verständnis von *Schockenhoff / Schumann* jegliche Art der Beweiserleichterung im Rahmen des § 30 Abs. 2 WpÜG aus[264]. *Oechsler* und *Pentz* vertreten eine differenziertere Auffassung und bewerten Vermutungsregelungen als rechtlich unzulässig,

---

[258] *Liebscher*, ZIP 2002, 1005, 1008; *Löhdefink*, Acting in Concert und Kontrolle im Übernahmerecht, S. 190.

[259] *Foerste* in: Musielak, § 284 Rn. 1; m. w. N. *Löhdefink*, Acting in Concert und Kontrolle im Übernahmerecht, S. 190.

[260] *Liebscher*, ZIP 2002, 1005, 1008.

[261] BGH NZG 2006, 945, 948.

[262] *Hamann*, ZIP 2007, 1088, 1091; *Hammen*, Der Konzern 2009, 18, 21 f.; *Pentz*, ZIP 2003, 1478, 1481.

[263] *Liebscher*, ZIP 2002, 1005, 1008; *Pentz*, 2003, 1478, 1481; *Schockenhoff / Schumann*, ZGR 2005, 568, 594.

[264] *Schockenhoff / Schumann*, ZGR 568, 594.

während nach dieser Auffassung der Indizienbeweis der Bußgeldandrohung nach § 60 WpÜG nicht entgegenstehe[265].

b) Rechtsfigur der Normabspaltung und BGH NZG 2011, 1147

Möglicherweise könnte die problematisierte Einschränkung bei der Beweisführung mit der (umstrittenen) Rechtsfigur der gespaltenen Auslegung gelöst werden. Die vor allem im Kartell- und Verwaltungsrecht bekannte gespaltene Auslegung knüpft dabei an den Befund an, dass bei der Bestimmung von zivilrechtlichen Folgen die strafrechtlichen Auslegungsprinzipien des Analogieverbots und des Bestimmtheitsgrundsatzes nicht zwingend zu beachten sind[266]. Demnach könnte eine Norm abhängig von dem Sachzusammenhang und der in Frage stehenden Rechtsfolge gespalten ausgelegt werden. Insofern plädiert eine Meinung im kapitalmarktrechtlichen Schrifttum dafür, dass das geschilderte Analogieverbot nur im Hinblick auf die Bußgeldsanktion des § 60 WpÜG greifen solle[267]. Soweit es an dieser Stelle also auf die zivilrechtlichen Folgen eines unterlassenen Pflichtangebots ankommt – etwa auf den Rechtsverlust i. S. v. § 59 WpÜG, den Zinsanspruch i. S. v. § 38 WpÜG oder auf die Angebotsverpflichtung selbst –, könnten Beweiserleichterung zulässig sein. In einer jüngeren Entscheidung vom 19. Juli 2011 hat der BGH dem Rechtsinstitut der gespaltenen Auslegung jedoch abermals eine Absage erteilt[268].

Gegenstand dieser höchstrichterlichen Entscheidung war eine aktienrechtliche Anfechtungs- und Nichtigkeitsklage nach §§ 241 ff. AktG gegen diverse Hauptversammlungsbeschlüsse[269]. Strittig war die Anfechtungsbefugnis nach § 245 AktG vor dem Hintergrund des § 28 WpHG, wonach Rechte aus Aktien ruhen, wenn die Mitteilungsobliegenheiten nach §§ 21 ff. WpHG verletzt wurden. Ein Aktionär hatte dabei seinen Aktienbesitz auf einen Treuhänder übertragen und

---

[265] *Oechsler,* ZIP 2011, 449, 453; *Pentz,* ZIP 2003, 1478, 1480.
[266] Begründend: *Cahn,* ZHR 1998, 1; zum Meinungsstand, *Schürnbrand,* NZG 2011, 1213.
[267] *Oechsler,* ZIP 2011, 449, 452.
[268] BGH NZG 2011, 1047.
[269] BGH NZG 2011, 1047; m. w. N. *Podewils,* AG 2011, 768, 769.
Schürnbrand, NZG 2011, 1213; *Widder / Kocher,* GWR 2011, 481.

sich wiederum mit zwei weiteren Aktionären auf eine abgestimmte Ausübung der Stimmrechte verständigt. Der Treuhänder selbst hielt die Aktien lediglich auf Rechnung und ausschließlich nach Weisung des Treugebers. Der BGH legte dabei fest, dass dem Treugeber im ersten Schritt die Stimmrechte des Treuhänders nach § 22 Abs. 1 Nr. 1 WpHG infolge des Haltens für Rechnung zuzurechnen seien[270]. In einem nächsten Schritt müsse er sich nach § 22 Abs. 2 WpHG die Stimmrechte derjenigen Aktionären anrechnen lassen, mit denen er sein Verhalten abgestimmt hat. Dagegen sehe das Gesetz eine Zurechnung der von diesen Aktionären gehaltenen Anteile an den Treuhänder gerade nicht vor. Der Treuhänder sei weder an der Stimmrechtskoordination beteiligt gewesen, noch greife in dieser Richtung die Vorschrift des §§ 22 Abs. 1 Nr. 1 WpHG, da der Treugeber nicht für Rechnung des Treuhänders, sondern umgekehrt der Treuhänder für Rechnung des Treugebers tätig sei[271]. Der Senat stützte seine Argumentation darüber hinaus auf das Argument, dass die Verletzung einer Mitteilungspflicht aus § 21 WpHG nach § 39 WpHG eine Ordnungswidrigkeit darstelle und eine dem Wortlaut widersprechende Auslegung gegen das Bestimmtheitsgebot nach Art. 103 Abs. 2 GG i. V. m. § 3 OWiG verstoße[272]. Eine andersartige, gespaltene Auslegung komme auch für den Bereich des Zivilrechts grundsätzlich nicht Betracht.

c) Rechtliche Würdigung

Die zitierte Entscheidung besitzt über die §§ 21 ff. WpHG hinaus Relevanz für sämtliche kapitalmarktrechtliche Normen, die den Weg zum Bußgeldtatbestand eröffnen – so z. B. § 30 Abs. 2 WpÜG[273]. Mit der Ablehnung der Normspaltung bestätigte der BGH zwar die überwiegende Ansicht im Schrifttum[274], lieferte selbst allerdings keine nähere Begründung für seine Rechtsansicht. Die Gegner in der Lehre berufen sich dabei vor allem darauf, dass das rechtsmethodische Werkzeug der gespaltenen Auslegung nicht im Einklang mit europarechtlichen

[270] BGH NZG 2011, 1147, 1148.
[271] BGH NZG 2011, 1147, 1148.
[272] BGH NZG 2011, 1147, 1150.
[273] *Podewils,* AG 2011, 768, 769.
[274] Statt vieler *Schneider* in: Assmann / Schneider, WpHG, Einl. Rn. 95.

Anforderungen stehe und dass der Gedanke einer einheitlichen Rechtsordnung eine solche Methodik verbiete.

a) Vereinbarkeit mit dem Unionsrecht

Ein Teil des Schrifttums begründet seine Ablehnung gegenüber der gespaltenen Auslegung als methodisches Instrument mit dem Verweis auf die „Grøngaard und Bang“ Judikatur des EuGH vom 22. November 2005[275]. Gegenstand der Entscheidung war die strafrechtliche Verfolgung eines dänischen Verwaltungsratsmitglieds wegen der unbefugter Weitergabe von Insiderinformationen. Das Verwaltungsratsmitglied verwies jedoch auf einen Erlaubnisvorbehalt gem. Art. 3 a der Richtlinie 89 / 592 betreffend Insider-Geschäfte, welcher im Hinblick auf den strafrechtlichen Grundsatz „nulla poena sine lege“ weit auszulegen sei[276]. Der EuGH schloss sich dieser Auffassung jedoch nicht an und bejahte in diesem Zusammenhang in einem obiter dictum die Ausführungen des zuständigen Generalanwalts, wonach die Auslegung einer Richtlinie über Insider-Geschäfte nicht davon abhängen könne, ob sie in einem zivil-, verwaltungs- oder strafrechtlichen Verfahren geltend gemacht werde[277].

Fraglich ist, ob aus diesem Satz eine Unvereinbarkeit des Unionsrechts mit einer gespaltenen Gesetzesanwendung gefolgert werden kann[278]. Dem ist zunächst zu erwidern, dass es in dem hier interessierenden Kontext nicht um eine verfahrensabhängige Auslegung, sondern um eine Auslegung unter Berücksichtigung der jeweils in Frage stehenden Rechtsfolge gehen soll[279]. Daneben scheinen die Stimmen im Schrifttum, die die Unzulässigkeit der gespaltenen Gesetzesanwendung mit Verweis auf die zitierte Entscheidung geltend machen, die eigentliche Kernaussage des EuGH zu verkennen. Nach Auffassung des EuGH ist nämlich ausschlaggebend, bei der Auslegung des zur Durchführung einer Richtlinie erlassenen nationalen Rechts unter Berücksichtigung des Wortlauts und des

[275] *Fleischer / Bedkowski; Schneider* in: Assmann / Schneider, WpHG, Einl. Rn. 95;
[276] EuGH BeckEuRS 2004, 417853 Rn. 23, Schlussantrag des GA *Maduro*.
[277] EuGH NJW 2006, 133, 134.
[278] So aber *Fleischer / Bedkowski*, DStR 2010, 933, 937; *Widder / Kocher*, ZIP 2010, 457, 459.
[279] *Cahn*, AG 1997, 502.

Zwecks einer Richtlinie für die Einhaltung des Grundsatzes der Rechtssicherheit zu sorgen[280]. Allgemein verfolgen die Richtlinien des Kapitalmarktrechts dabei das Ziel, den Kapitalmarkt effektiv zu steuern und sind dementsprechend auszulegen[281]. Die Insiderrichtlinie soll dem Vertrauen der Anleger dienen, das im Wesentlichen darauf beruht, dass sie gleichgestellt und gegen die unrechtmäßige Verwendung einer Insider-Information geschützt sind[282]. Demgegenüber legt der neunte Erwägungsgrund der Übernahmerichtlinie fest, dass Wertpapierinhaber nach einem Kontrollwechsel zu schützen sind (vgl. C. I. 1.). Soweit jedoch mit § 30 Abs. 2 WpÜG de lege lata dieses Ziel nur schwerlich erreicht werden kann, könnte eine gespaltene Gesetzesanwendung gerade das adäquate Mittel sein, um bestehende Divergenzen zwischen dem WpÜG und der Übernahmerichtlinie zu überwinden[283]. Somit ist im Ergebnis *Schürnbrand* zuzustimmen, der in der EuGH-Entscheidung eher ein Plädoyer für als gegen die gespaltene Auslegung sieht[284]. Eine generelle Verneinung der gespaltenen Auslegung kann der „Grøngaard und Bang“ Rechtsprechung jedenfalls nicht entnommen werden[285].

bb) Einheit der Rechtsordnung

Bezug nehmend auf den Grundsatz einer einheitlichen Rechtsordnung wird vorwiegend gegen die gespaltene Gesetzesanwendung eingewandt, dass eine unterschiedliche Auslegung derselben Zurechnungsnorm je nach Gesetzeskontext zu sich widersprechenden Maßstäben für die ordnungsgemäße Erfüllung von kapitalmarktrechtlichen Pflichten führen könne[286]. Schließlich würden die komplexen Normen im Kapitalmarktrecht ohnehin zahlreiche Probleme aufwerfen, die weder höchstrichterlich, noch von der BaFin hinreichend beantwortet

---

[280] EuGH NJW 2006, 133, 134.
[281] EuGH NJW 2006, 133.
[282] Vgl. EuGH EuZW 2010, 227; *Cascante / Bingel*, NZG 2010, 161, 162.
[283] *Schürnbrand*, NZG 2011, 1213, 1217.
[284] *Schürnbrand*, NZG 2011, 1213, 1217.
[285] So im Ergebnis *Schürnbrand*, NZG 2011, 1213, 1217; wohl auch *Grundmann* in: Ebenroth / Boujong / Joost / Strohn, HGB, Vorbem. Rn.V132.
[286] *Assmann* in: Assmann / Schneider, WpHG, Einl. Rn. 94 f.; *Fleischer / Bedkowski*, DStR 2010, 933; *von Bülow / Petersen*, NZG 2009, 1373, 1376.

wurden[287]. Insofern dürfe Investoren und Emittenten durch eine gespaltene Gesetzesanwendung und vor dem Hintergrund „drakonischer Rechtsfolgen"[288] nicht noch mehr Rechtsunsicherheit zugemutet werden[289]. Im Ergebnis bedeutet die gespaltene Rechtsanwendung für *Assmann* daher eine unzulässige richterliche Ausweitung von Schutzbereichen, die der Gesetzgeber bestimmten Normen beigelegt habe[290].

Dagegen hat *Cahn* bereits vor mehr als zehn Jahren richtungsweisend dargelegt, dass die maßgebliche Methode der Auslegung von der jeweils in Frage stehenden Rechtsfolge abhängen müsse[291]. Er weist überzeugend darauf hin, dass der Gesetzgeber allgemein durch eine Strafbewehrung die Wichtigkeit einer Normdurchsetzung ausdrücken möchte[292]. Wenn auch in einem abgeschwächten Maße, so gelten dieselben Grundsätze auch für Bußgeldvorschriften wie § 60 WpÜG[293]. Diese Intention würde konterkariert, sofern wegen Art. 103 Abs. 2 GG i. V. m. § 3 OWiG eine gespaltene Gesetzesanwendung für zivilrechtliche Folgen und mithin eine Beweiserleichterung verneint wird. Unter Zuhilfenahme einer gespaltenen Auslegung und entsprechender Beweiserleichterungen wäre eine unzulässige Strukturierung zur Vermeidung eines Pflichtangebots dann lediglich Grundlage zivilrechtlicher Sanktionen. Wenn der pflichtwidrig Handelnde dann nicht nach § 60 WpÜG geahndet werden kann, begründet dies nach Auffassung von *Schürnbrand* eben keinen Widerspruch in der Rechtsordnung, sondern entspreche vielmehr dem subsidiären Charakter des Strafrechts / Ordnungswidrigkeitenrechts[294]. Im WpÜG liegen die Hauptsanktionen und Pflichten gerade nicht in der Straf- oder Bußgeldbewährung, sondern im privatrechtlichen Bereich[295].

---

[287] *Veil / Dolff,* AG 2010, 388, 389.
[288] So im Hinblick auf § 28 WpHG, *Bedkowski / Widder*, BB 2008, 245.
[289] *Veil / Dolff,* AG 2010, 388, 389.
[290] *Assmann* in: Assmann / Schneider, WpHG, Einl. Rn. 95.
[291] *Cahn,* ZHR 1998, 1, 9.
[292] *Cahn,* ZHR 1998, 1, 9, auch *Verse,* NZG 2009, 1331, 1334.
[293] *Cahn*, ZHR 1998, 1, 10.
[294] *Schürnbrand*, NZG 2011, 1213, 1216; *Wackerbarth,* ZIP 2005, 1217, 1221.
[295] *Wackerbarth,* ZIP 2005, 1217, 1221.

Auch die Bedenken wegen der „drakonischen“ Rechtsfolge können nicht überzeugen. Zwar würden die hier beabsichtigten Bestrebungen, die Nachweisproblematik des § 30 Abs. 2 WpÜG zu entschärfen, wohl zu einer vermehrten Anzahl von Pflichtangeboten führen, die die Liquidität eines Bieters belasten (vgl. C. III. 1.). Auf Antrag des Kontrollerwerbers ist die BaFin jedoch gesetzlich gehalten, in einem Befreiungsverfahren nach § 37 WpÜG i. V. m. §§ 8, 10 - 12 WpÜG-AV zu beurteilen, ob ein Pflichtangebot abgegeben werden musste. In einem solchen Befreiungsverfahren hat der Antragssteller dann die den Antrag begründenden Tatsachen anzugeben[296]. Soweit ein Bieter allerdings eine Kontrollerlangung beabsichtigt, so würden Beweiserleichterungen lediglich dazu führen, dass ihn die Pflicht des § 35 WpÜG eben in dem Zeitpunkt trifft, in welchem die tatsächliche Kontrollbegründung nach § 30 Abs. 2 WpÜG auch wirklich stattfindet (vgl. C. I.). Dagegen würde eine Ablehnung jeder Art von Beweiserleichterungen auch die Unterschiede in den Verfahrensrechten zwischen Zivil-, Ordnungswidrigkeiten- und Strafrecht (vgl. C. III. 1. a) verkennen[297].

Für die Zulässigkeit einer gespaltenen Gesetzesanwendung spricht nicht zuletzt die höchstrichterliche Rechtsprechung des Bundesverwaltungs- und des Bundesverfassungsgerichts auf dem mit dem Kapitalmarktrecht verwandten Gebiet des Bankenaufsichtsrechts[298]. In einer Entscheidung hinsichtlich der Reichweite der strafbewehrten Genehmigungspflicht für die Finanzportfolioverwaltung gem. § 1 Abs. 1 a) S. 2 Nr. 3 KWG hat das BVerwG ausgeführt, dass eine analoge Anwendung verwaltungsrechtlicher Bestimmungen zum Schutze der Anleger möglich sei[299]. Es sei nach Auffassung des Gerichts von sekundärer Bedeutung, ob der Anlegerschutz durch Strafverfolgung ergänzt oder verstärkt werden könne[300]. Auf eine gegen diese Entscheidung erhobene Verfassungsbeschwerde

---

[296] *Schlitt / Ries* in: MünchKommAktG, § 37 Rn. 5; *Schockenhoff / Schumann*, ZGR 2005, 569, 585.

[297] Eingehend *Cahn*, ZHR 1998, 1, 9 f.; *Löhdefink*, Acting in Concert und Kontrolle im Übernahmerecht, S. 191 ff.

[298] BVerfG NJW 2006, 3340, 3341 sowie BVerwG NZG 2005, 265, 270; dazu eingehend *Hammen*, Der Konzern 2009, 18, 21.

[299] BVerwG NZG 2005, 265, 270; m. w. N. *Hammen*, Der Konzern 2009, 18, 21.

[300] BVerwG NZG 2005, 265, 270.

bestätigte das BVerfG die obige Rechtsauffassung dahingehend, dass ein verwaltungsrechtlicher Erlaubnistatbestand nicht generell den Beschränkungen des Art. 103 Abs. 2 GG unterliege[301]. Dies sei nur dann der Fall, soweit er zur Ausfüllung einer strafrechtlichen Norm herangezogen und damit selbst zum Teil einer Strafnorm werde[302]. Diese höchstrichterliche Rechtsprechungslinie bestätigt also, dass verwaltungsrechtliche Normen – unabhängig von einer strafrechtlichen Verknüpfung – gespalten ausgelegt werden dürfen, was nach dem Verständnis von *Hammen* insbesondere für die Bestimmung des § 30 Abs. 2 WpÜG gelte[303].

cc) Zwischenergebnis

Nach den vorstehenden Überlegungen sprechen die besseren Gründe dafür, im Rahmen des § 30 Abs. 2 WpÜG nur hinsichtlich des Bußgeldtatbestands des § 60 WpÜG auf das Analogieverbot und den Bestimmtheitsgrundsatz zurückzugreifen[304]. Die gespaltene Auslegung stellt entgegen der jüngsten BGH-Judikatur ein sinnvolles und zulässiges methodisches Werkzeug zeitgemäßer Rechtsanwendung dar, das den Anwendungsbereich des § 30 Abs. 2 WpÜG erweitert und Beweiserleichterungen zu Gunsten der ermittelnden BaFin ermöglichen kann. Dies würde auch der Absicht des Gesetzgebers ausreichend Rechnung tragen, der durch das Risikobegrenzungsgesetz die restriktive Interpretation des § 30 Abs. 2 WpÜG aufheben wollte[305]. Es bleibt zu hoffen, dass der Gesetzgeber die Rechtsprechung vom 19. Juli 2011 korrigiert und die Zulässigkeit der gespaltenen Auslegung im Kapitalmarktrecht bestätigt. Nach den vorstehenden Überlegungen können Möglichkeiten der Beweiserleichterung jedenfalls im Hinblick auf § 30 Abs. 2 WpÜG Anwendung finden.

---

301 BVerfG NJW 2006, 3340, 3341.
302 BVerfG NJW 2006, 3340, 3341.
303 *Hammen,* Der Konzern 2009, 18, 21; *Wackerbarth,* ZIP 2005, 1217, 1331.
304 Im Ergebnis ähnlich *Verse,* NZG 2009, 1331, 1334.
305 Vgl. RegE, BT-Drucks. 16/7438, S. 8 r. Spl.

d) Empfehlung

Im Wesen der von *Fleischer* und *Spindler* empfohlenen gesetzlichen Vermutungen i. S. v. § 292 ZPO liegt es, dass die vermutete Tatsache des acting in concert selbst keines Beweises mehr bedürfte[306]. Widerlegbare Vermutungen haben die Wirkung, dass die begünstigte Partei lediglich die Tatsachen vorzutragen und darzulegen hat, an welche die Vermutungswirkung knüpft (sog. Vermutungsbasis)[307]. Unter Darlegung der entsprechenden Vermutungsbasis könnte die BaFin dann gem. § 4 WpÜG dem Bieter auferlegen, ein Pflichtangebot zu machen[308]. Daraufhin stünden die Investoren in der Pflicht, ein vermutetes gleichförmiges Verhalten gegenüber der BaFin zu erklären oder ggf. zu entkräften. Die Darlegungs- und Beweislast ginge im Ergebnis hinsichtlich der vermuteten Tatsache auf die Investoren über[309]. Somit könnten gesetzliche Vermutungen nach hier vertretener Argumentation ein aussichtsreiches Mittel darstellen, um die Anwendung des § 30 Abs. 2 WpÜG praxisgerechter zu gestalten. Die Zurechnungsnorm würde mutmaßlich in dem Moment greifen, in welchem auch der Markt die Entstehung einer Kontrollbeteiligung wahrnimmt und die Schutzbedürftigkeit außenstehender Aktionäre beginnt. Die den Aktionären angebotene Gegenleistung würde dann einen angemessenen Desinvestitionswert reflektieren und das Austrittsrecht als „das zentrale Selbstverteidigungsmittel des Kleinaktionärs"[310] wäre funktionsfähig ausgestattet. Denkbare widerlegliche, gesetzliche Vermutungen könnten de lege ferenda im WpÜG oder durch eine Verordnungsermächtigung verankert werden. Entgegen *Schockehoff / Schumann*, die mangels typischer Geschehensabläufe keinen Raum für derartige Regelbeispiele sehen, könnten die folgenden Vorgänge für ein acting in concert sprechen[311].

---

[306] *Huber* in: Musielak, § 292 Rn. 4; *Prütting* in: MünchKommZPO, § 292 Rn. 26.
[307] *Bacher* in: Beck'scher OK ZPO, § 292 Rn. 9.
[308] So jedenfalls die überwiegende Ansicht, *Krause* / Pötzsch in: Assmann / Pötzsch / Schneider, WpÜG, § 35 Rn. 348; *von Falkenhausen,* NZG 2010, 1213, 1214.
[309] *Bacher* in: Beck'scher OK ZPO, § 292 Rn. 10; *Prütting* in: MünchKommZPO, § 292 Rn. 22.
[310] So *Oechsler,* ZIP 2011, 449, 452.
[311] *Schockenhoff / Schumann,* ZGR 2005, 569, 605.

aa) Halten meldepflichtiger Finanzinstrumente

Nach §§ 25, 25 a WpHG sind solche Finanzinstrumente meldepflichtig, die ihren Inhaber zum Erwerb von Aktien mit Stimmrechten berechtigen (§ 25 WpHG) bzw. die in ihrer Ausgestaltung einen Aktienerwerb ermöglichen (§ 25 a WpHG). Infolgedessen soll ein unbemerktes Anschleichen an börsennotierte Unternehmen vereitelt werden[312]. Unter B. II. 1. a) wurde beschrieben, dass die Ersteller der Finanzprodukte – die beteiligten Banken – sich gegen die aus Derivaten resultierenden Risiken oftmals absichern, indem sie die entsprechenden Zielaktien auch physisch erwerben (sog. natural hedge). Sofern es dann zeitlich folgend zu der Abgabe eines Pflichtangebots kommt, so liegt es für die Bank nahe, die zu Sicherungszwecken gehaltenen Aktien an den Bieter zu veräußern[313]. In einem solchen Fall sollte die widerlegbare Vermutung eines acting in concert greifen, sofern die vom Bieter gehaltenen (meldepflichtigen) Finanzinstrumente zum Erwerb eines kontrollbegründenden Anteils, also mindestens 30 % der Stimmrechte, berechtigen. Die von den Banken gehaltenen Aktien würden dementsprechend dem Bieter hinzugerechnet (vgl. Abbildung 4).

Abbildung 4: Vermutung bei Derivaten[314]

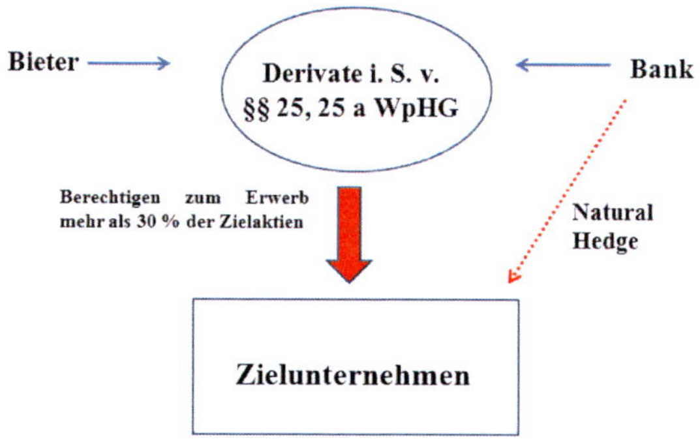

[312] *Cascante / Bingel,* NZG 2011, 1086; *Merkner / Sustmann,* NZG 2012, 241.

[313] *Eichner,* ZRP 2010, 5; *Schiessl,* Der Konzern 2009, 291, 292; *Weber / Meckbach,* BB 2008, 2022, 2023.

[314] Eigene Darstellung.

Neben ökonomischen Erwägungen spricht für diesen Regelungsvorschlag, dass ein Gleichlauf zwischen dem Recht der Beteiligungstransparenz und dem Übernahmerecht geschaffen würde. Es erscheint nach hier vertretener Ansicht fraglich, warum Finanzinstrumente i. S. v. §§ 25, 25 a WpHG offenlegungspflichtig sind, aber nach § 30 WpÜG nicht einer Zurechnung unterliegen. Weiter würde das Anschleichen an börsennotierte Unternehmen durch das empfohlene Beispiel zusätzlich erschwert und auf die Innovationen der Finanzindustrie angemessen reagiert werden.

bb) Paketerwerbe unterhalb der Kontrollschwelle

Nach den Regelungen des britischen City Code geht das zuständige Panel von einem pflichtbegründenden acting in concert aus, soweit bei einem Paketkauf eine Beteiligung knapp unterhalb der Kontrollschwelle erworben wird und die in Panel-Note 6 (b) – (d) definierten Indizien vorliegen (vgl. C. II. 3.). Das britische Recht zeigt dabei auf, dass die Vermutung eines acting in concert bei bestimmten Übernahmekonstellationen besonders nahe liegt[315]. Das Panel nimmt dabei ein acting in concert an, wenn der Verkäufer ein Insider ist[316], ein besonders hoher Kaufpreis gezahlt wurde[317] oder wenn die beim Verkäufer verbleibenden Aktien einen entscheidenden Teil am Stammkapital der Zielgesellschaft ausmachen[318]. Als unschädlich und verkehrsüblich betrachtet das Panel dagegen den Umstand, dass der Verkäufer den Käufer sorgfältig unter der Voraussetzung eines Interessengleichlaufs auswählt[319].

Im Ergebnis sprechen empirische Erfahrungen für die Regelbeispiele des City Code. Denn es widerspricht dem Kalkül eines rational agierenden Marktteilnehmers, sich in eine Minderheitenstellung einer Zielgesellschaft einzukaufen und hierfür eine signifikante Kontrollprämie zu zahlen. Dies verdeutlicht auch die Art und Weise der Preisfindung an der Börse, die einen Börsenkurs in der Regel mit

---

[315] *Hamann*, ZIP 2007, 1088, 1093.
[316] Note 6 (a) zu Rule 9.1.
[317] Note 6 (b) zu Rule 9.1.
[318] Note 6 (c) zu Rule 9.1.
[319] Note 6 (d) zu Rule 9.1.

einem Abschlag versieht, sofern eine Gesellschaft beherrschende Gesellschafter hat. Solche Minderheitsabschläge spiegeln die Tatsache wider, dass die entsprechenden Aktien nicht die Kontrolle verschaffen können (vgl. C. I.)[320]. Aus Verkäuferperspektive macht es ebenso wenig Sinn, sich zu Gunsten eines anderen Käufers von einem Aktienpaket zu trennen und gleichzeitig weiter in die Außenseiterposition manövriert zu werden[321]. Nach dem Vorbild des britischen Übernahmerechts könnte infolge derartiger Pakettransaktionen also vermutet werden, dass der nicht kontrollrelevante Stimmrechtserwerb wohl mit einer späteren gemeinsamen Ausübung des Stimmrechtserwerbs verknüpft ist[322] (vgl. Abbildung 5). Ohne eine entsprechende, spätere Kooperation hätte die vom Erwerber gezahlte Prämie ihren Zweck verfehlt.

Abbildung 5: Vermutung bei Paketerwerben[323]

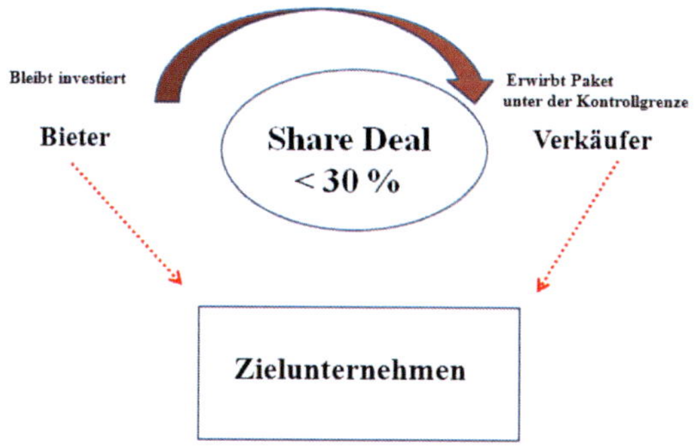

Eine etwaige Vermutungsregel de lege ferenda könnte auf finanzwirtschaftliche Daten zurückgreifen. Im Falle von öffentlichen Übernahmeangeboten lag im 1. Halbjahr 2011 die durchschnittliche Prämie auf den gesetzlichen Mindestpreis bei 5,9 %; bei Angeboten, in denen überhaupt eine Prämie geboten wurde, lag die Prämie durchschnittlich bei 26,5 %[324]. Die höchsten gezahlten Prämien betrugen

[320] Eingehend *Burger* NZG 2012, 281, 289; *Winner,* Juristische Blätter 2007 (129), 434, 439.
[321] *Oechsler,* ZIP 2011, 449, 451.
[322] *Oechsler,* ZIP 2011, 449, 451.
[323] Eigene Darstellung.
[324] *Karl,* CF biz 2011, 421, 422.

35,2 %[325] und 27 %[326]. Soweit vergleichbare Prämien im Rahmen von Pakettransaktionen erzielt werden und dessen ungeachtet ein Stimmrechtsanteil nur unterhalb der Kontrollschwelle erworben wird, könnte die BaFin mit sicherer Wahrscheinlichkeit auf eine Konzertierungsabsicht schließen.

cc) Wesentlicher Wechsel von Aufsichtsratsmitgliedern

Um die restriktiven Grundsätze der WMF-Entscheidung (vgl. B. II. 1. e) aufzuheben, sah der RegE zum Risikobegrenzungsgesetz vor, dass in dem Austausch von Aufsichtsratsmitgliedern ein Indiz für ein abgestimmtes Verhalten i. S. v. § 30 Abs. 2 WpÜG gesehen werden könne[327]. Je größer die Zahl der ausgewechselten Aufsichtsratsmitglieder, desto mehr sollte für diese Annahme sprechen[328]. Diese Auffassung konnte sich allerdings im Gesetzgebungsverfahren nicht durchsetzen. Erfolgt eine Verhaltensabstimmung bezüglich der Aktionärsvertreter im Aufsichtsrat, stellt dies bei formeller Betrachtung einen Einzelfall dar, während bei materieller Lesart aufgrund der Bedeutung dieser Entscheidung für die Gesellschaft keine Einzelfallentscheidung vorliegt[329]. Im Bericht des Finanzausschusses heißt es hierzu, dass es sich bei einer Vorabstimmung über die Nominierung von Kandidaten für die Besetzung des Aufsichtsrats um eine Abstimmung im Einzelfall handele, die keine Stimmrechtszurechnung begründe[330]. Im Hinblick auf den andauernden Meinungsstreit über die Auslegung der Einzelfallausnahme des § 30 Abs. 2 S. 1 2. HS WpÜG (vgl. B. II. 1. e), erachtet der Ausschuss die formelle Lesart scheinbar als vorzugswürdig. In der Literatur und der Verwaltungspraxis bleiben aber selbst nach Inkrafttreten des § 30 Abs. 2 WpÜG (n. F.) Auslegungszweifel bestehen[331]. Mit der Erweiterung des Anwendungsbereichs

---

[325] SMS GmbH (für die elexis AG).
[326] Engine Holding GmbH (für die Tognum AG).
[327] Vgl. RegE, BT-Drucks. 16/7438, S. 11 r. Spl.; m. w. N. *Spindler,* WM 2007, 2357, 2360.
[328] Vgl. RegE, BT-Drucks. 16/7438, S. 11 r. Spl.
[329] *Anders / Filgut,* ZIP 2010, 1115, 1116 f.; *Gätsch / Schäfer,* NZG 2008, 846, 850.
[330] Vgl. Bericht Finanzausschuss, BT-Drucks. 16/9821, S. 12 l. Spl.; zustimmend *von Bülow* in: Merkt, Übernahmerecht in Praxis und Wissenschaft, 137, 156 f.
[331] Vgl. nur *Anders / Filgut,* ZIP 2010, 1115 oder *Gätsch / Schäfer,* NZG 2008, 846, 850; anders dagegen *Kocher*, Der Konzern 2010, 162, 166, der dem Bericht des Finanzausschusses ein klares Plädoyer für die formelle Lesart entnimmt.

wurde jedenfalls die Absicht verfolgt, auch ein solches Verhalten unter § 30 Abs. 2 WpÜG zu subsumieren, das die Unternehmensausrichtung infolge einer Interessenbündelung zwischen dem Bieter und einem Dritten dauerhaft und erheblich verändert (vgl. B. II. 1. e)[332]. Auch wenn dies im Gegensatz zum aktienrechtlichen Kompetenzgefüge steht, kann mit der Wahl der Aufsichtsratsmitglieder sehr wohl beabsichtigt werden, eine bestimmte unternehmerische Neuausrichtung herbeizuführen[333]. Im RegE wurde dazu ausgeführt, dass hiermit konkrete unternehmerische oder finanzwirtschaftliche Entscheidungen – wie die Zerschlagung eines Unternehmens oder die Zahlung einer Sonderdividende – verknüpft sein können[334]. Auch der Einwand, eine Abstimmung über die Wahl von Aufsichtsratsmitgliedern könne wegen der höchstpersönlichen Natur dieses Amts nach § 111 Abs. 5 AktG[335] kein abgestimmtes Verhalten begründen, überzeugt nicht[336]. Aus der allgemeinen Sorgfaltspflicht des § 116 AktG kann nämlich nicht automatisch gefolgert werden, dass Aufsichtsratsmitglieder die Unternehmensinteressen rechtstatsächlich hinter die Interessen bestimmter Investoren zurückstellen und somit womöglich eine Grundlage für eine Zurechnung nach § 30 Abs. 2 WpÜG gebildet werden kann[337] (vgl. Abbildung 6). Im Ergebnis hätte eine rein formelle Lesart der Einzelfallausnahme zur Folge, dass diese Fälle abgestimmten Verhaltens gänzlich ausgeklammert wären und das gesetzgeberische Ziel womöglich verfehlt würde[338]. Insofern sprechen nach hier vertretener Auffassung die deutlich besseren Gründe für die materielle Interpretation.

---

332 Vgl. RegE, BT-Drucks. 16/7438, S. 11 r. Spl.; m. w. N. *Anders / Filgut,* ZIP 2010, 1115, 117.

333 *Noack / Zetschke* in: Schwark / Zimmer, § 30 WpÜG Rn. 31 sowie *Spindler,* WM 2007, 2357, 2360.

334 RegE, BT-Drucks. 16/7438, S. 11 r. Spl; zustimmend *Spindler,* WM 2007, 2357, 2360.

335 Dazu m. w. N. *Hüffer*, AktG, § 111 Rn. 23; *Spindler* in: Spindler / Stilz, § 111 Rn. 78 ff.

336 So aber *Diekmann,* DStR 2007, 445, 448 und *Saenger / Kaessler*, ZIP 2006, 837, 840 ff.

337 *Spindler,* WM 2007, 2357, 2360.

338 *Anders / Filgut,* ZIP 2010, 1115, 1117; *Kocher*, Der Konzern 2010, 162, 166.

Abbildung 6: Vermutung bei Wechsel von Aufsichtsratsmitgliedern[339]

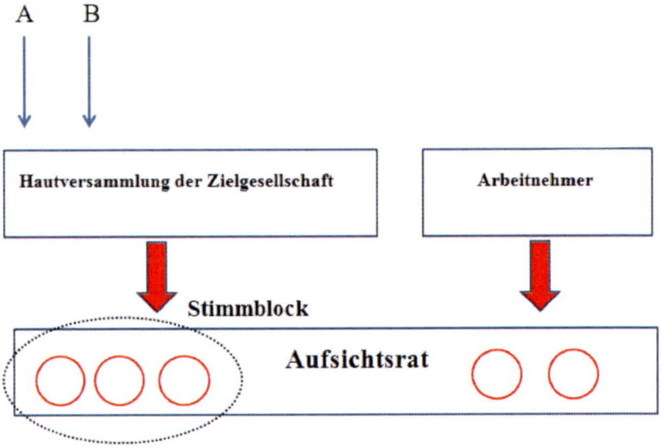

Infolgedessen sollte im Falle eines Austausches von Aufsichtsratsmitgliedern auf Initiative bestimmter Aktionärsgruppen ein acting in concert in bestimmten Konstellationen widerleglich vermutet werden. Fraglich ist jedoch, ob mit *Spindler* de lege ferenda von einem acting in concert bei einem Wechsel von einem Drittel der Aufsichtsratsmitglieder ausgegangen werden sollte[340]. *Anders / Filgut* weisen gut begründet darauf hin, dass eine rein quantitative Betrachtung evtl. außer Acht lässt, ob mit einer solchen Neuwahl tatsächlich eine Änderung der bisherigen Unternehmensstrategie herbeigeführt wird[341]. Insofern empfiehlt sich eine Berücksichtigung der erforderlichen Stimmmehrheiten bei Aufsichtsratsbeschlüssen. Eine widerlegbare Regelvermutung sollte also der für Beschlüsse i. S. v. § 108 AktG erforderlichen einfachen Mehrheit Rechnung tragen[342].

---

[339] Eigene Darstellung, orientiert an *von Bülow* in: Merkt, Übernahmerecht in Wissenschaft und Praxis, 137, 142.

[340] *Spindler*, WM 2007, 2357, 2360, der eine Regelvermutung aufstellen will, soweit 1/3 der Mitglieder ausgetauscht wird; ähnlich wohl auch der RegE, BT-Drucks. 16/7438, S. 11 r. Spl.

[341] *Anders / Filgut,* ZIP 2010, 1115, 1117 f.

[342] *Habersack* in: MünchKommAktG, § 108 Rn. 20; *Hüffer*, AktG, § 108 Rn. 6.

D. Zusammenfassung

Die Ergebnisse dieser Ausarbeitung lassen sich wie folgt zusammenfassen:

1. Das problematisierte Gestaltungsmodel des low-balling verstößt im Grundsatz nicht gegen die Pflichtangebotsregel des § 35 WpÜG. Gleichwohl ist diese Strategie dadurch gekennzeichnet, dass nach Überschreitung der Kontrollschwelle und nach Ablauf der Nachbesserungsfrist im Rahmen von Paketerwerben signifikante Kontrollprämien gezahlt werden. Sofern außenstehende Aktionäre bereits im Rahmen der Angebotsfrist die Gegenleistung des Bieters akzeptiert haben, partizipieren sie folglich nicht mehr an späteren Zuschlägen. Dies könnte nach einer Ansicht im Schrifttum das übernahmerechtliche Gleichbehandlungsgebot berühren. Insbesondere darf nicht verkannt werden, dass etwaige außerbörsliche Paketerwerbe oftmals einer Nachweisproblematik unterliegen und womöglich nicht von der Nachbesserungsnorm des § 31 Abs. 5 WpÜG erfasst werden.

2. Entgegen der ganz herrschenden Meinung berücksichtigt der Anwendungsbereich des § 30 Abs. 2 WpÜG de lege lata wohl auch den abgestimmten Parallelerwerb zwischen Investoren. Jedenfalls dann, wenn der konzertierte Aktienerwerb im kontrollrelevanten Umfang erfolgt, sprechen nach einer teleologischen und richtlinienkonformen Auslegung des § 30 Abs. 2 WpÜG die besseren Gründe für diese Auffassung. Eine entsprechende Bestätigung durch den Gesetzgeber wäre wünschenswert. Die im Hinblick auf Cash-Swaps gezogenen Erwägungen gelten dabei im Grunde auch für andere Aktienderivate. Der Tatbestand des § 30 Abs. 2 WpÜG stellt die ermittelnde Behörde oder einen Dritten, der sich auf die für ihn günstigen Rechtsfolgen beruft, allerdings vor eine Nachweisproblematik, die insbesondere im Zusammenhang mit Parallelerwerben zum Tragen kommt. Dies könnte die Gefahr bergen, dass der Schutzmechanismus der Stimmrechtszurechnung i. S. v. § 30 Abs. 2 WpÜG zu spät oder gar nicht greift, so dass der Investor ein Pflichtangebot ggf. vermeiden kann.

3. Die allgemeinen rechtspolitischen Motive für Reformen im Übernahmerecht, die sich auf den Schutz deutscher Unternehmen und der beteiligten Arbeitnehmer vor feindlichen Übernahmen aus dem Ausland berufen, können nicht überzeugen. Freilich verleiten öffentlichkeitswirksame Verfahren wie Hochtief / ACS oder Continental / Schaeffler zu dieser Annahme. Die Ergebnisse dieser Ausarbeitung haben jedoch gezeigt, dass de lege lata der Anlegerschutz gefährdet sein könnte, welcher folglich im Mittelpunkt etwaiger Reformüberlegungen stehen sollte.

4. Vorbehaltlich methodischer Einschränkungen, sehen die in diesem Rahmen untersuchten Rechtsordnungen anderer europäischer Mitgliedsstaaten im Vergleich zum nationalen WpÜG eher übernahmerestriktivere Bestimmungen vor. Wichtige Erkenntnisse für etwaige Überlegungen de lege ferenda lassen sich insbesondere aus dem britischen City Code on Takeovers and Mergers gewinnen, der sowohl dem WpÜG als auch der Übernahmerichtlinie als Regelungsvorbild diente. Hiernach löst schon der Erwerb einer einzelnen Aktie ab der 30 %-Schwelle ein erneutes Pflichtangebot aus. Im Hinblick auf das umstrittene acting in concert stellt der britische City Code primär auf den konzertierten Aktienerwerb ab und erlaubt dem zuständigen Kontrollorgan Beweiserleichterungen.

5. Die in der Politik und der Lehre empfohlenen Regelungsvorschläge, die im Hinblick auf die Regulierung des low-balling und unter Bezugnahme auf den internationalen Rechtsvergleich primär erweiterte Angebotsverpflichtungen oder Mindestannahmeschwellen vorsehen, erscheinen weniger zweckmäßig. Zwar tragen sie dem Interesse des Anlegers durchaus Rechnung, indem Bieter faktisch gezwungen würden, höhere Übernahmeprämien zu zahlen. Gleichzeitig schränken sie womöglich die Privatautonomie von Investoren unangemessen ein. Vor diesem Hintergrund scheint der liberale Ansatz im schweizerischen Recht überlegenswert, welcher börsennotierten Gesellschaften die Möglichkeit gibt, individuelle Kontrollschwellen satzungsmäßig zu verankern (sog.: „opting up"). Offene Fragen, die diesbezüglich im Zusammenhang mit Anfechtungsklagen entstehen könnten, müssten allerdings im Vorfeld geklärt werden. Eine aussichts-

reichere Lösung liegt mutmaßlich in dem Ausbau der wertpapierhandelsrechtlichen Offenlegungspflichten im Bereich zwischen 30 % und 50 %. Große Pakettransaktionen würden dann de lege ferenda einer Offenlegung unterliegen und sowohl dem Markt als auch den Anlegern würde die Möglichkeit gegeben, dies entsprechend zu bewerten. Eine Ausdehnung der Beteiligungstransparenz ließe sich in das System der §§ 21 ff. WpHG implementieren und würde für Investoren zumutbare Compliance-Kosten herbeiführen. Es wird vorliegend für 5 %-Intervalle im Bereich zwischen der Kontroll- und der Mehrheitsschwelle plädiert.

6. Entgegen der jüngsten Rechtsprechung des BGH vom 19. Juli 2011 und der überwiegenden Auffassung der Lehre sollte eine gespaltene Auslegung in Abhängigkeit der in Frage stehenden Rechtsfolge zum Repertoire der kapitalmarktrechtlichen Methodik gehören. Eine gespaltene Gesetzesanwendung steht sowohl im Einklang mit dem Unionsrecht als auch mit dem Gebot einer einheitlichen Rechtsordnung und entspricht dem subsidiären Charakter des Strafrechts. Dies bestätigt nicht zuletzt die Rechtsprechung des BVerwG und des BVerfG. Dagegen würde eine Ablehnung der gespaltenen Auslegung die Durchsetzbarkeit übernahmerechtlicher Schutznormen gefährden. Sofern die Zulässigkeit einer gespaltenen Gesetzesanwendung im Hinblick auf § 30 WpÜG bejaht wird, könnten de lege ferenda Erleichterungen an die Beweisanforderungen in Erwägung gezogen werden.

7. Der Nachweisproblematik im Zusammenhang mit § 30 Abs. 2 WpÜG sollte mit Beweiserleichterungen begegnet werden. Auf diese Weise wären Anleger vor der Innovationskraft der Finanzindustrie besser geschützt. Andernfalls droht die Norm zu einem „zahnlosen Tiger" zu werden. De lege ferenda werden widerlegbare, gesetzliche Vermutungen empfohlen, die in das Gesetz oder durch Verordnungsermächtigungen integriert werden könnten. Im Hinblick auf konzertierte Paketerwerbe könnte ein acting in concert widerleglich vermutet werden, sofern der Bieter spezifische Finanzinstrumente in einem kontrollrelevanten Umfang besitzt oder in Pakettransaktionen auffällige Kontrollprämien gezahlt werden. Ein weiteres Regelbeispiel kann de lege ferenda der Austausch von

Aufsichtsratsmitgliedern in einer entscheidungserheblichen Zahl auf Initiative einer Aktionärsgruppe darstellen. Die hiermit verbundene Folgefrage, ob die Auslegung der Einzelfallausnahme des § 30 Abs. 2 S. 1 WpÜG anhand formeller oder materieller Kriterien zu erfolgen hat, bedarf – wie weitere aufgeworfene Problemstellen in diesem Kontext – einer Bestätigung durch den Gesetzgeber. Insofern bleibt abschließend mit *Seibt* zu hoffen, dass Einzeländerungen zum WpÜG noch in dieser Legislaturperiode erfolgen[343]. Eins ist aber gewiss: Es bleibt spannend.

[343] *Seibt,* ZIP 2012, 1, 11; vgl. dazu auch aus aktuellem Anlass, *Seibt,* Börsen-Zeitung vom 21.07.2012, 13, der infolge eines Berichts der Europäischen Kommission über die Anwendung der Übernahmerichtlinie vom 28. Juni 2012 davon ausgeht, dass sich die Diskussionen über die Fortentwicklung des WpÜG weiter intensivieren werden.

LITERATURVERZEICHNIS

Monographien

Assmann, Heinz-Dieter / Schneider, Uwe H.: Wertpapierhandelsgesetz, 4. Auflage, Köln 2006, [zitiert: *Bearbeiter* in: Assmann / Schneider, WpHG].

Assmann, Heinz-Dieter / Pötzsch, Thorsten / Schneider, Uwe: Wertpapiererwerbs- und Übernahmegesetz, Köln 2005, [zitiert: *Bearbeiter* in: Assmann / Pötzsch / Schneider, WpÜG].

Bitter, Georg / Lutter, Marcus / Priester, Hans-Joachim / Schön, Wolfgang / Ulmer, Peter: Festschrift für Karsten Schmidt zum 70. Geburtstag, Köln 2009, [zitiert: *Bearbeiter* in: FS K. Schmidt 2009].

Fleischer, Holger: Handbuch des Vorstandsrechts, 2. Auflage, München 2012 [*zitiert*: *Bearbeiter* in: Fleischer, Handbuch des Vorstandsrechts].

Geibel, Stephan / Süßmann, Rainer: Wertpapiererwerbs- und Übernahmegesetz (WpÜG), Kommentar, 2. Auflage, München 2009, [zitiert: *Bearbeiter* in: Geibel / Süßmann].

Großfeld, Bernhard: Recht der Unternehmensbewertung, 5. Auflage, Köln 2009.

Haarmann, Wilhelm / Schüppen, Matthias: Frankfurter Kommentar zum WpÜG, 3. Auflage, Frankfurt am Main 2008 [zitiert: *Bearbeiter* in: Haarmann / Schüppen, FrankfKommWpÜG].

Heidel, Thomas: Aktienrecht und Kapitalmarktrecht, 3. Auflage, Baden-Baden 2011, [zitiert: *Bearbeiter* in: Heidel].

Hüffer, Uwe: Aktiengesetz, 10. Auflage, München 2012, [zitiert: *Hüffer,* AktG].

Joost, Detlev / Strohn, Lutz: Ebenroth / Boujong / Joost / Strohn – Handelsgesetzbuch, Band 1, §§ 343-475 h HGB, 2. Auflage, München 2008, [zitiert: *Bearbeiter* in: Ebenroth / Boujong / Joost / Strohn, HGB].

Kölner Kommentar zum WpHG, Köln 2007, [zitiert: *Bearbeiter* in: KölnKommWpHG].

Kölner Kommentar zum WpÜG, 2. Auflage, Köln 2010, [zitiert: *Bearbeiter* in: KölnKommWpÜG].

Löhdefink, Andreas: Acting in Concert und Kontrolle im Übernahmerecht, Abhandlungen zum deutschen und europäischen Handels- und Wirtschaftsrecht, Köln 2007.

Mülbert, Peter / Kiem, Roger / Wittig, Arne: 10 Jahre WpÜG – Entwicklungsstand – Praktische Erfahrungen – Reformbedarf und Perspektiven (Beiheft der ZHR), Frankfurt a. M. 2010 [zitiert: *Bearbeiter* in: Mülbert / Kiem / Wittig, 10 Jahre WpÜG].

Münchener Kommentar zum Aktiengesetz, Band 2, §§ 76 – 117, 3. Auflage, München 2008, [zitiert: *Bearbeiter* in: MünchKommAktG].

Münchener Kommentar zum Aktiengesetz, Band 6, §§ 329 – 410, WpÜG, 3. Auflage, München 2011, [zitiert: *Bearbeiter* in: MünchKommAktG].

Münchener Kommentar zur Zivilprozessordnung mit Gerichtsverfassungsgesetz und Nebengesetzen, Band 1, §§ 1 – 510 c ZPO, 3. Auflage, München 2008, [zitiert: *Bearbeiter* in: MünchKommZPO].

Musielak, Hans-Joachim: Kommentar zur Zivilprozessordnung, Buch 2, §§ 253 – 299 a, 9. Auflage, München 2012, [zitiert: *Bearbeiter* in: Musielak].

Schüppen, Matthias / Schaub, Bernhardt: Münchener Anwaltshandbuch Aktienrecht, 2. Auflage, München 2010 [*zitiert: Bearbeiter* in: Schüppen / Schraub, MAH].

Schwark, Eberhard / Zimmer, Daniel: Kapitalmarktrechts-Kommentar, 4. Auflage, München 2010, [zitiert: *Bearbeiter* in: Schwark / Zimmer].

Spindler, Gerald / Stilz, Eberhard: Kommentar zum Aktiengesetz, Band 1, §§ 1 – 149 AktG, 2. Auflage, München 2010, [zitiert: *Bearbeiter* in: Spindler / Stilz].

Steinmeyer, Roland / Häger, Michael: WpÜG – Kommentar zum Wertpapiererwerbs- und Übernahmegesetz mit Erläuterungen zum Minderheitenausschuss nach §§ 327a ff. AktG, Berlin 2002 [zitiert: *Bearbeiter* in: Steinmeyer / Häger, WpÜG].

Taschke, Sebastian: Acting in Concert im deutschen Übernahmerecht – Entwicklung, Auslegung und Reform eines Zurechnungstatbestands – Berlin, 2010.
Veil, Rüdiger: Übernahmerecht in Praxis und Wissenschaft, Köln, 2010 [*zitiert: Bearbeiter* in: Veil, Übernahmerecht in Praxis und Wissenschaft].

Von Rosen, Rüdiger / Seifert, Werner: Die Übernahme börsennotierter Unternehmen, Schriften zum Kapitalmarktrecht, Band 2, Frankfurt am Main (1999), [zitiert: *Bearbeiter* in: von Rosen / Seifert, Die Übernahme börsennotierter Unternehmen].

Aufsätze

Anders, Dietmar / Filgut, Esther: Abgestimmte Stimmrechtsausübung – ist die Einzelfallausnahme systemwidrig?, ZIP 2010, 1115 – 1118.

Baums, Theodor: Low-balling, Creeping in und deutsches Übernahmerecht, ZIP 2010, 2374-2390.

Baums, Theodor / Sauter, Maike: Anschleichen an Übernahmeziele mit Hilfe von Aktienderivaten, ZHR 2009, 454 -494.

Bedkowski, Dorothea / Widder, Stefan: Meldepflichten nach WpHG bei Umfirmierung bzw. Namensänderung des Aktionärs – Entscheidungsreport, BB 2008, 245.

Berger, Klaus Peter / Filgut, Esther: „Acting in Concert" nach § 30 Abs. 2 WpÜG, AG 2004, 592-600.

Bischoff, Werner: Schaeffler-Gruppe macht Nägel mit Köpfen – Rasche Aufstockung mit Continental Swaps gekündigt – Vereinbarungen mit Banken zum Parken von eingereichten Aktien um fünf Jahre, Börsen-Zeitung vom 23 August 2008, S. 9.

Brandt, Ulrich: Transparenz nach dem RisikobegrenzungsG – und darüber hinaus?, BKR 2008, 441-452.

Burgard, Ulrich: Die Offenlegung von Beteiligungen bei der Aktiengesellschaft, AG 1992, 42-53.

Burger, Anton: Keine angemessene Abfindung durch Börsenkurse bei Squeeze-out, NZG 2012, 281-289.

Cahn, Andreas: Grenzen des Markt- und Anlegerschutzes durch das WpHG, ZHR 1998, 1-50.

Cahn, Andreas: Probleme der Mitteilungs- und Veröffentlichungspflichten nach dem WpHG bei Veränderungen des Stimmrechtsanteils an börsennotierten Gesellschaften, AG 1997, 502-512.

Cascante, Christian / Bingel, Adrian: Verbesserte Beteiligungstransparenz (nicht nur) vor Übernahmen? Die Vorschriften des Anlegerschutzverbesserungsgesetzes, NZG 2011, 1086-1097.

Cascante, Christian / Topf Cornelia: „Aus leisen Sohlen“? – Stakebuilding bei der börsennotierten AG, AG 2009, 53-72.

Cascante, Christian / Tyrolt, Jochen: 10 Jahre WpÜG – Reformbedarf im Übernahmerecht, AG 2012, 97-114.

Casper, Matthias: Acting in Concert – Grundlagen eines neuen kapitalmarktrechtlichen Zurechnungsbestandes, ZIP 2003, 1369-1375.

Diekmann, Hans: Acting in Concert: Absprachen zur Besetzung des Aufsichtsrates – Besprechung des BGH-Urteils vom 18. 9. 2006, DStR 2007, 445-448.

Egner, Andreas: Hedgefonds als aktivistische Aktionäre, ZIP 2006, 2105-2113.

Eichner, Moritz-Peter: Anschleichen bei Unternehmensübernahmen – Perfides taktisches Manöver oder achtbare strategische Entscheidung?, ZRP 2010, 5-8.

Fleischer, Holger / Bedkowski, Dorothea: Stimmrechtszurechnung zum Treuhänder gem. § 22 Abs. 1 Nr. 1 WpHG: Ein zivilrechtlicher Fehlgriff und seine kapitalmarktrechtlichen Folgen, DStR 2010, 933-938.

Fleischer, Holger / Schmolke, Klaus Ulrich: Anschleichen an eine börsennotierte Aktiengesellschaft – Überlegungen zur Beteiligungstransparenz de lege lata und de lege ferenda, NZG 2009, 401-409.

Fleischer, Holger / Schmolke, Klaus Ulrich: Kapitalmarktrechtliche Beteiligungstransparenz nach §§ 21 ff. WpHG und „Hidden Ownership", ZIP 2008, 1501-1512

Fleischer, Holger / Schmolke, Klaus Ulrich: Zum beabsichtigten Ausbau der kapitalmarktrechtlichen Beteiligungstransparenz bei modernen Finanzinstrumenten (§§ 25, 25 a DiskE-WpHG), NZG 2010, 846-854.

Fox, Alexander / Trost, Ralf: Contracts for Difference – alternative Derivate mit Zukunft? Corporate Finance Biz 2006, 37-44.

Freiherr von Falkenhausen, Joachim: Das nachgeholte Pflichtangebot, NZG 2010, 1213-1217.

Freiherr von Frankenhausen, Joachim: Reformbedarf beim Pflichtangebot gemäß § 35 WpÜG, ZHR 174 (2010), 293-318.

Gätsch, Andreas / Schäfer, Frank: Abgestimmtes Verhalten nach § 22 Abs. 2 WpHG und § 30 Abs. 2 WpÜG in der Fassung des Risikobegrenzungsgesetzes, NZG 2008, 846-851.

Habersack, Matthias: Beteiligungstransparenz adieu? – Lehren aus dem Fall Continental / Schaeffler , AG 2008, 817-820.

Hamann, Hanjo: In concert or not in concert?, ZIP 2007, 1088-1095.

Hammen, Horst: Analogieverbot beim Acting in Concert?, Der Konzen 2009, 18-23.

Harbarth, Stephan: Kontrollerlangung und Pflichtangebot, ZIP 2002, 321-332.

Hitzer, Martin / Düchting, Holger: Flankierung des Übernahmerechts durch weitere Reformen der Beteiligungstransparenz im WpHG?, ZIP 2011, 1084-1091.

Hitzer, Martin / Simon, Björn / Düchting, Holger: Behandlung eigener Aktien der Zielgesellschaft bei öffentlichen Übernahmeangeboten – Rechtliche Vorgaben, Handlungsoptionen und -empfehlungen für den Vorstand der Zielgesellschaft, AG 2012, 237-246.

Hobt, Klaus J. / Mülbert, Peter / Kumpan, Christoph: Reformbedarf im Übernahmerecht, AG 2005, 109-119.

Jahn, Joachim: Vorstöße zur Verschärfung des Übernahmerechts abgewiesen, AG 2010, R491.

Karl, Christoph: Öffentliche Übernahmen börsennotierter Unternehmen in Deutschland: Halbjahresreport 1. Halbjahr 2011, Corporate Finance biz 2011, 421-426.

Kiem, Roger: M&A Transaktionen ausländischer Investoren in Deutschland, Corporate Finance Law 2011, 179-183.

Klein, Christian / Stucki, Dominique: Öffentliche Übernahmeangebote (OPA / OPE) in Frankreich, RIW 2001, 488-493.

König, Wolfgang: Das Risikobegrenzungsgesetz – offene und gelöste Fragen, BB 2008, 1910-1914.

Korff, Matthias: Das Risikobegrenzungsgesetz und seine Auswirkungen auf das WpHG, AG 2008, 692-694.

Letzel, Hans-Joachim: Das Pflichtangebot nach dem WpÜG, BKR 2002, 293-304.

Liebscher, Thomas: Die Zurechnungstatbestände des WpHG und des WpÜG, ZIP 2002, 1005-1017.

Lümann, Lars-Gerrit / Hopp, Marion: Rechtsunsicherheit beim „Acting in Concert“ – Abgestimmtes Verhalten von Aktionären bleibt in der Praxis schwer zu bestimmen, Börsen-Zeitung vom 04.02.2012, S. 13.

Meilicke, Wienand / Meilicke, Frédéric: Die Postbank-Übernahme durch die Deutsche Bank – eine Gestaltung zur Vermeidung von Pflichtangeboten nach § 35 WpÜG?, ZIP 2010, 558-566.

Merkner, Andreas / Sustmann, Marco: Erste „Guidance“ der BaFin zu den neuen Meldepflichten nach §§ 25, 25a WpHG, NZG 2012, 241-244.

Merkt, Hanno: „Creeping in“ aus internationaler Sicht, NZG 2011, 561-568.

Mülbert, Peter: Umsetzungsfragen der Übernahmerichtlinie - erheblicher Änderungsbedarf bei den heutigen Vorschriften des WpÜG, NZG 2004, 633-642.

Noack, Ulrich: Zurechnung von Stimmrechten nach § 30 Abs. 2 WpÜG auf Grund von Vereinbarungen – Anmerkungen von Prof. Dr. Ulrich Noack, LMK 2006, 106-108.

Oechsler, Jürgen: Acting in Concert beim Aktienerwerb (§ 30 Abs. 2 WpÜG), ZIP 2011, 449-454.

Pluskat, Sorika: Acting in Concert in der Fassung des Risikobegrenzungsgesetzes – jetzt alles anders?, DB 2008, 383-385.

Podewils, Felix: BGH: Keine analoge Ausweitung der Zurechnung von Stimmrechten bei Treuhandverhältnissen – Anmerkung von Dr. Felix Podewils, AG 2011, 786-788.

Santelmann, Matthias: Notwendige Mindesterwerbsschwellen bei Übernahmeangeboten – Wann ist ein Übernahmeangebot ein Übernahmeangebot?, AG 2002, 497-503.

Schanz, Kay-Michael: Verteidigungsmechanismen gegen feindliche Übernahmen nach Umsetzung der Übernahmerichtlinie im deutschen Recht, NZG 2007, 927-932.

Schanz, Kay-Michael: Schaeffler / Continental: Umgehung von Meldepflichten bei öffentlichen Übernahmen durch Einsatz von derivaten Finanzinstrumenten, DB 2008, 1899-1905.

Seibt, Christoph: Europäisches Übernahmerecht in Bewegung - Brüssel schlägt weitere Harmonisierung vor – Schutzlücken beim Acting in Concert – Initiative gegen Low-Balling-Offerten, Börsen-Zeitung vom 21. Juli 2012, S. 13.

Seibt, Christoph: Neues Regime der kapitalmarktrechtlichen Beteiligungstransparenz – Stellungnahme zum Anlegerschutz- und Funktionsverbesserungsgesetz, Corporate Finance Law 2010, 502-507.

Seibt, Christoph: Reform der EU-Übernahmerichtlinie und des deutschen Übernahmerechts – Ergebnisse einer Expertenumfrage, ZIP 2012, 1-12.

Seibt, Christoph: Verbandssouveränität und Abspaltungsverbot im Aktien- und Kapitalmarktrecht – Revisited: Hidden Ownership, Empty Voting und andere Kleinigkeiten, ZGR 2010, 795-835.

Seibt, Christoph / Heiser, Kristian: Analyse des Übernahmerichtlinie-Umsetzungsgesetzes (Regierungsentwurf), AG 2006, 301-320.

Schneider, Uwe H.: Die Zielgesellschaft nach Abgabe eines Übernahme- oder Pflichtangebots, AG 2002, 125-133.

Schneider, Uwe H. / Anzinger, Heribert M.: Umgehung und missbräuchliche Gestaltungen im Kapitalmarktrecht oder: Brauchen wir eine § 42 AO entsprechende Vorschrift im Kapitalmarktrecht?, ZIP 2009, 1.

Schockenhoff, Martin / Schumann, Alexander: Acting in Concert – geklärte und ungeklärte Rechtsfragen, ZGR 2005, 568-610

Schreiber, Ingrid: Das „neue“ acting in concert – ein Fall für den EuGH?, AG 2008, 73-78.

Schürnbrand, Jan: Wider den Verzicht auf die gespaltene Auslegung im Kapitalmarktrecht, NZG 2011, 1213-1218.

Süßmann, Rainer: Unerwünschte Übernahmen, NZG 2011, 1281-1290.

Spindler, Gerald: Acting in Concert – Begrenzung von Risiken durch Finanzinvestoren? – Der Regierungsentwurf eines Risikobegrenzungsgesetzes -, WM 2007, 2357-2364.

Veil, Rüdiger / Dolff, Christian: Kapitalmarktrechtliche Mitteilungspflichten des Treuhänders – Grundsätze und Grenzen der Zurechnung von Stimmrechtsanteilen nach § 22 WpHG, AG 2010, 385-391.

Verse, Dirk: Übergang von gemeinsamer Kontrolle zu alleiniger Kontrolle – ein Fall für das Pflichtangebot, NZG 2009, 1331-1335.

Von Bülow, Christoph / Petersen, Sven: Stimmrechtszurechnung zum Treuhänder?, NZG 2009, 1373-1378.

Von Bülow, Christoph / Stephanblome, Markus: Acting in Concert und neue Offenlegungspflichten nach dem Risikobegrenzungsgesetz, ZIP 2008, 1797-1806.

Von Falkenhausen, Joachim: Übernahmeprophylaxe – Die Pflichten des Vorstands einer Zielgesellschaft, NZG 2007, 97-100.

Wackerbarth, Ulrich: Die Umgehung der Mindestpreisregeln des WpÜG durch zeitlich gestreckte Erwerbsvorgänge, ZIP 2012, 253-262.

Wackerbarth, Ulrich: Die Zurechnung nach § 30 WpÜG zum Alleingesellschafter-Geschäftsführer einer GmbH – Erwiderung auf Seibt, ZIP 2005, 729, ZIP 2005, 1217-1221.

Wadewitz, Sabine: Experten fordern mehr Schutz vor Übernahmen – Freshfields-Studie gibt politischer Debatte Futter, Börsen-Zeitung vom 07.12.2011, S. 2.

Weber, Martin: Börsenkursbestimmung aus ökonomischer Perspektive, ZGR 2004, 280-300

Weber, Matthias: Die Entwicklung des Kapitalmarktrechts im Jahre 2011, NJW 2012, 274-281.

Wernicke, Thomas: Die Befreiung vom Pflichtangebot auf Grund höheren Stimmrechtsanteils Dritter, NZG 2011, 1404-1407.

Widder, Stefan / Kocher, Dirk: BGH begrenzt Möglichkeiten der Stimmrechtszurechnung, GWR 2011, 461-463.

Widder, Stefan / Kocher, Dirk: Stimmrechtszurechnung vom Treugeber zum Treuhänder gem. § 22 Abs. 1 S. 1 Nr. 2 WpHG analog? – Zugleich Besprechung OLG München v. 9. 9. 2009, ZIP 2010, 457-461.

Wilsing, Hans-Ulrich / Goslar, Sebastian: Der Regierungsentwurf des Risikobegrenzungsgesetzes – ein Überblick, DB 2007, 2467-2472.

Winner, Martin: Wert und Preis im neuen Recht des Squeeze-out, schriftliche Fassung eines Habilitationsvortrages an der Universität Wien, juristische Blätter 2007, 434-444.

Zinser, Alexander: Der britische City Code on Takeovers and Mergers in der Fassung vom 09. 03. 2001, RIW 2001, 481-488.

Zinser, Alexander: Der RefE eines „Gesetzes zur Regelung von öffentlichen Angeboten zum Erwerb von Wertpapieren und von Unternehmensübernahmen" vom 12.03.2001, NZG 2001, 391-397.

Zinser, Alexander: Pflichtangebotsregelungen in europäischen Staaten, NZG 2000, 573-578.

Internetquellen

ACS, Actividades de Construcción y Servicios, S. A.; Angebotsunterlage an die Aktionäre der Hochtief Aktionäre, abrufbar unter: http://www.acs-offer.com/deutsch/index.php. (letzter Zugriff: 01. Mai 2012).

Financial Services Authority: Disclosure for Contracts of Difference, abrufbar unter: http://www.fsa.gov.uk/pubs/cp/cp07_20.pdf. (letzter Zugriff: 09. Mai 2012).

Hesse, Martin / Ritzer, Uwe: Schaeffler streicht 8000 Jobs, http://www.sueddeutsche.de/wirtschaft/automobilzulieferer-schaeffler-streicht-jobs-1.465662. (letzter Zugriff: 29. Mai 2012).

Hirte, Heribert: Stellungnahme zum RegE eines Gesetzes zur Stärkung des Anlegerschutzes und Verbesserung der Funktionsfähigkeit des Kapitalmarkts, Abrufbar unter: http://www.bundestag.de/bundestag/ausschuesse17/a06/anhoerungen/archiv/12_Sanierung_von_Unternehmen/04_Stellungnahmen/Stellungnahme_Hirte.pdf . (letzter Zugriff am: 01. Mai 2012).

Kommission der Europäischen Gemeinschaften: Commission Staff Working Document – Report on the implementation of the directive on takeover bids, annex 2, http://ec.europa.eu/internal_market/company/docs/takeoverbids/2007-02-report_en.pdf. (letzter Zugriff: 30. Mai 2012).

Maier, Angela / Wihofszki, Oliver: Anschleichtaktik: Merrill Lynch führt Angriff auf Conti, abrufbar unter: http://www.ftd.de/unternehmen/finanzdienstleister/:anschleichtaktik-merrill-lynch-fuehrt-angriff-auf-conti/386315.html. (letzter Zugriff: 01. Mai 2012).

n-tv Nachrichtenfernsehen GmbH: „50 % überschritten – ACS hat Hochtief im Sack", abrufbar unter: http://www.n-tv.de/wirtschaft/ACS-hat-Hochtief-im-Sack-article3605071.html. (letzter Zugriff: 01. Mai 2012).

Sächsische Zeitung GmbH: Schaeffler legt Übernahmeangebot für Conti vor – keine Zerschlagung, abrufbar unter: http://www.sz-online.de/nachrichten/artikel.asp?id=1883117&swbm=all. (letzter Zugriff: 01. Mai 2012).

Schanz, Kay-Michael / Schalast, Christoph: Schaeffler KG / Contintenal AG im Lichte der CSX Corp.-Entscheidung des US District Court for the Southern District of New York, Frankfurt School – Working Paper Series, abrufbar unter: http://www.frankfurt-school.de/dms/Arbeitsberichte/Arbeits100.pdf. (letzter Zugriff: 13. Mai 2012).

Schumacher, Harald / Zerfass, Florian / Grüttner, Anne / Sprothen, Vera: Die Chronik einer Übernahmeschlacht, abrufbar unter: http://www.wiwo.de/unternehmen/hochtief-vs-acs-die-chronik-der-uebernahmeschlacht/4637902.html. (letzter Zugriff: 01 Mai. 2012).

Schumacher, Harald / Müller, Stefanie: Übernommener Bauriese – Bei Hochtief herrscht Frust, abrufbar unter: http://www.wiwo.de/unternehmen/dienstleister/uebernommener-bauriese-bei-hochtief-regiert-der-frust/6527770.html. (letzter Zugriff: 29. Mai 2012).

Schumacher, Harald:, Interview mit Schneider, „Lücken im Übernahmerecht – Fälle wie Hochtief werden wir häufiger erleben", http://www.wiwo.de/unternehmen/luecken-im-uebernahmerecht-faelle-wie-hochtief-werden-wir-haeufiger-erleben/5145358.html. (letzter Zugriff: 01. Mai 2012).

Sozialdemokratische Partei Deutschlands: Beschluss des SPD Vorstands v. 25.10.2010, Lücken im Übernahmerecht schließen – Stärkung einer nachhaltigen Unternehmensführung, abrufbar unter: http://www.spd.de/aktuelles/Pressemitteilungen/5414/20101025_beschluss_uebernahmerecht.html (letzter Zugriff: 29. Mai 2012).

Vorwerk, Volker / Wolf, Christian: Beck'scher Online Kommentar ZPO, Edition 4, München 2012, [zitiert: *Bearbeiter* in: Beck'scher OK ZPO] (letzter Zugriff: 09. Juli 2012).